広告コピーと100の物語

クリエーター
Ominae

大学教育出版

はじめに

消費者目線で何気なく目にして、耳にする広告コピー。

触れた瞬間は、あくまで企業やブランドのコトバとして受け止めている。

でも、その言葉たちを読み返したとき、人生の節々でフィットする瞬間があった。

「あー、これのことか！」

人生の針が進んでいく中で、改めてコピーの偉大さを感じ、コピーライターの方々へ畏敬の念を覚えた経験が何度もあった。もちろん、私には意図や想いを理解する領域には至っていない広告コピーも山ほどあるだろう。それは、将来の楽しみにしている。

広告コピーとは「人生の道標《みちしるべ》」であり、「自分の成長を測るバロメーター」だとも感じる。

よく考えれば、歴代の広告コピーの数々は、人生の先輩からのプレゼントだ。自分よりも前を走っている人生の先輩たちが、言葉と懸命に格闘して捻りだし、刻んだ軌跡とも言える。温かくて、さりげなくて、お守りみたいなもの。これがいずれ、いや、もはや、後ろを走ってくる感性豊かな強物である後輩からもバトンを受け取るかのように、心を動かされるのだろう。

また、感動や優しさと同時に、広告コピーは嫉妬を生む。同じ国に、同じ母国語を操る人が、今日も誰かの心を動かしているという事実が、当時の私には悔しく感じた。

雲の上の存在かもしれないけれど、妙に親近感がある絶妙なバランス感が、嫉妬に駆られる理由に他ならない。人の才能に嫉妬を覚えて、自分自身が頑張るきっかけを与えてくれたのも、広告コピーだった。

庶民の目線に合わせて、言葉を選び、当たり前の概念を当たり前のように覆すこと。

庶民の哲学をわかりやすく翻訳して、理屈じゃ説明ができないほど、感動するメッセージを投げかけること。

この所作を平然とこなす天才が、コピーライターの方々なのだと思う。
そんなリスペクトの精神をもちながら、本書では、私の大好きな広告コピーを100厳選し、実体験のエピソードや、社会現象に自由に照らしてみた。
私の背中を優しく押してくれた言葉や、見えないように隠していた本心を突かれた言葉。まさに、日常を牽引するような言葉たちを紹介している。

本書は、広告コピーの新しい遊び方を紹介している。

「あの有名な広告コピーは、なぜとてつもなく心が動くのか？」
考えてみると、それはきっと、あなたの人生のどこかに当てはまる出来事があったからではないだろうか。

皆さんも、広告コピーと思い出を旅してみませんか。

Ominae

本書の読み方

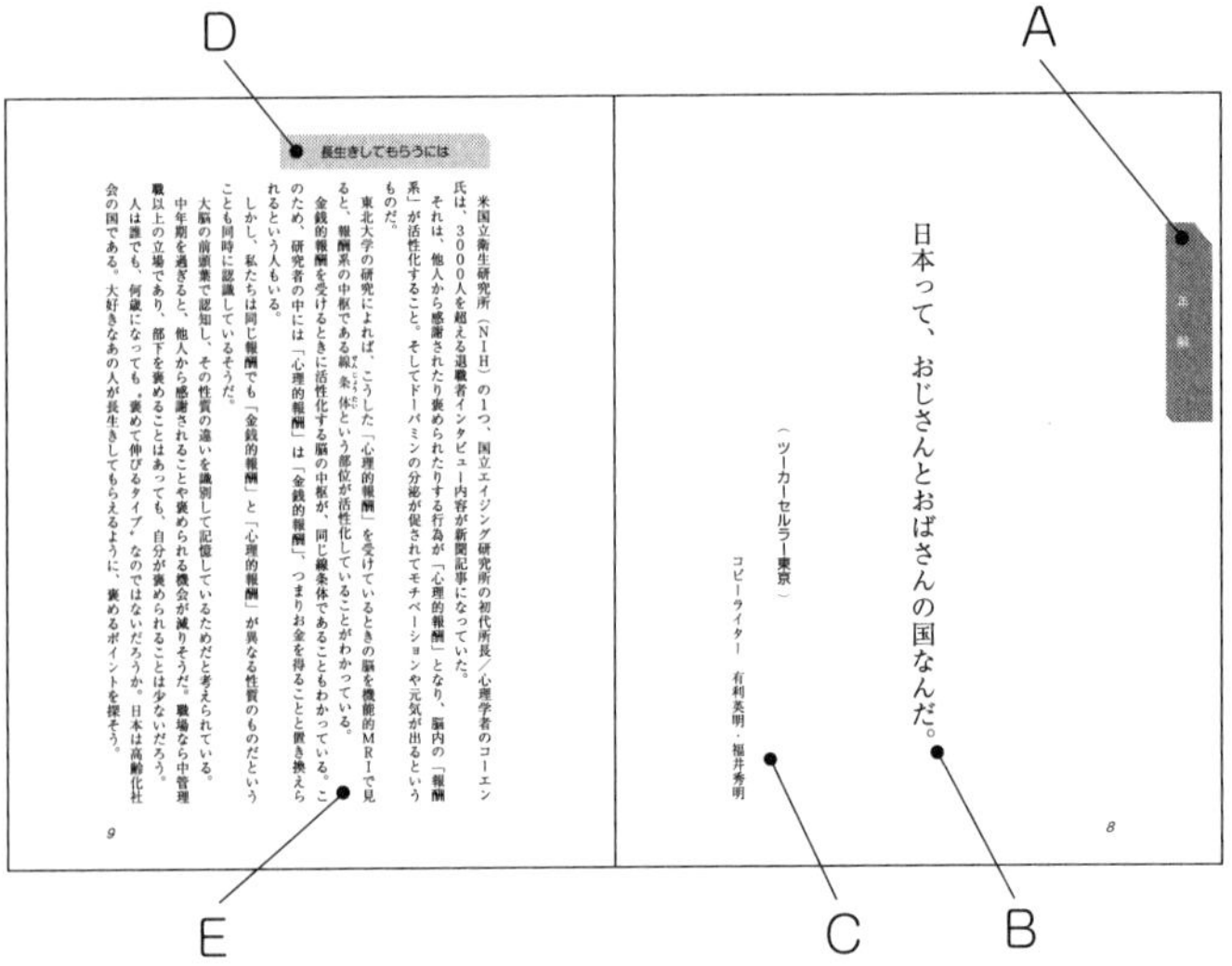

A. 章のタイトル

B. 広告コピー

C. 広告企業・団体／コピーライター

D. エッセイのタイトル

E. エッセイ本文

・企業名における株式会社、有限会社などの法人表記、コピーライターの敬称は省略しています。

・掲載コピーの一部におきましては、すでに製造・販売・サービスが終了しているものも含まれます。よって、現在の製品・サービスとは名称が異なる、または在存しない場合があります。

広告コピーと100の物語

目次

第1章 年齢

第2章 キャリア

第3章　生き方

第4章　葛藤

※広告コピーではなく、軽井沢高原教会のメッセージです

第5章　好きなモノ&コト

第6章　旅と恋

第7章　教　養

第8章　本質の洞察

第9章　視点の変化

第10章　いろんな物差し

年　齢

大人になるということ
アンチは無理です
アンチの相手を知る
長生きしてもらうには
流行
Young at Heart
理想的な子ども、現実的な大人
若者の武器
手段
創作あるある

いろいろ奪うと大人ができる。

（東芝ＥＭＩ）

コピーライター　前田知巳

大人になると成長と共に失うものが増える。これは、奪われているというより、自ら何かを捨てているとも解釈できる。

年齢を重ねると、心と体に負担をかけまいと〝可能性〟という大きな荷物を早めに降ろそうとする。失望した時に怖いからだ。可能性という荷物を降ろせば、姿勢を正して、胸を張って歩ける大人になれると自分に言い訳をする。傷つくことを恐れるから、荷物を置くことで楽になれる。「私には必要ない」と自戒し、年齢を言い訳に可能性を自ら旅の途中で手放したにも関わらず、いろいろと奪われた被害者のフリをすることは、実に〝大人らしい〟。自らで断捨離した可能性を「泥棒に盗まれた」と表現しているようなものだ。

大人になればなるほど新しい挑戦に億劫になるのは、己の限界を自らで制限してしまうからだ。ありふれた日常に屈託しては、生き方を悶々と悩む場面が昔よりも色濃くなるのが、大人だ。

ある企業の女性役員と会食をしたときのこと。

「あなたは他人の目線を気にしすぎずに、やりたいことを存分に邁進しなさい」とアドバイスをいただいた。胃を直接ぶん殴られたような気がした。私は翌週、クライアントに対して、オリジナルラップソングの作曲とPV動画制作の企画を提案していた。先方から高い評価を頂戴するとともに、地元の報道番組でも取り上げていただいた。作詞やレコーディングなどの新しい挑戦を通じて、これまでとは異なる景色を見ることができた。

奪われたフリをやめれば、まだ大人にはならない。

なぜ年齢をきくの

（伊勢丹）
コピーライター　土屋耕一

アンチは無理です

アンチエイジングのアンチ（anti）とは抗うことであるが、人も動物なので、老化には絶対に抗えないことは周知の事実である。加齢を避けることは不可能であり、そもそも「若々しくあり続ける」という表現はシニア向けの言葉である。エイジングを意識し始めた瞬間から歳を重ねた証拠だ。10～20代は若いから、「若さを保ちたいです」なんて望みを口にしない。アンチエイジングは、「もうあんまり若くないから注意しましょう」を限りなく優しく言い換えた台詞である。でも年齢を気にする人が世の中には多いのも事実だ。そこで〝スローエイジング〟をお薦めしたい。「老化をできる限り、ゆったりと進行させる」工夫である。

出生日が定まっている以上、人生の出発点が固定されるわけで、実年齢は変えようがない。だから、歳を誤魔化せば〝年齢詐称〟となる。しかし、出発点の出所を他人から見えづらくすることは、努力次第で可能だ。他人から実年齢よりも若く推測されることが、エイジングケアの目的の一つであるからだ。

私は食事・睡眠・運動の質は意識しているが、なにも特別なことはしていない。同窓会で周りの同級生が60歳の見た目なのに20歳の姿でいたら、逆に怖い。抗うより「マイナス7歳」くらいが理想的なのではないか。初対面の人にマイナンバーを尋ねる無礼者はいないが、他人の年齢は聞きたがる。その数字を聞いて、人は何かと照らし合わせて判断材料にする。年齢は、体重と変わらない客観的な指標である。気にしないことが若さを保つ最大の秘訣だ。

ケンカはやめた。
だから、もう負けない。

（パルコ）
コピーライター　仲畑貴志

老化現象に対して、反骨心を剥き出しにケンカをしたところで、老化を止める手立てはないと話した。ただ、加齢（エイジング）を一つの動力と仮定したとき、「美しくいたい」と願う心が反力にあり〝アンチ〟に該当するならば、〝アンチ〟はポジティブな言葉に変わることも事実だ。地面が己の体重分の力で押し上げているからこそ、人は地球上で静止状態にあるという力学が存在するらしい。進行方向と逆に引っ張る力があることで、力が釣り合う。そう考えると、エイジングに対して、同じくらいの強さで抗う意思があるならば、それだけエイジングの原因を熟知して、対策を講じる必要があると言えるだろう。

美しくありたい人は、ヒトが、どうして老化を巡るかを体系的に学び、老化現象における根源を解決するように私生活を整えている。つまり、いつまでも美しい人は、エイジングについて勉強しており、知識が豊富である。

野球とかで「アンチ●●」の人は●●の選手・監督にまつわる特徴をよくご存知だ。〝アンチ〟を名乗る人たちは、〝アンチ〟を公言するために、その〝敵対する対象〟を勉強しているから詳しい。つまり、嫌いになるためには〝嫌いになる理由〟をつくる必要があるから、無意識にアンチの対象物（人）を研究している。

最近、グルテンフリーの商品開発の仕事が増えた。小麦の組成・効能・歴史などを論文や書籍で勉強する日々が続く。別に小麦を嫌っていないし、〝アンチ〟として抗ってもいない。ただ、〝小麦を除いた製品〟がグルテンフリーなので、除くべき対象物を熟知する必要があるのだ。

日本って、おじさんとおばさんの国なんだ。

（ツーカーセルラー東京）

コピーライター　有利英明・福井秀明

米国立衛生研究所（NIH）の一つ、国立エイジング研究所の初代所長・心理学者・コーエン氏の3000人を超える退職者インタビュー内容が、新聞記事になっていた。

それは、他人から感謝されたり、褒められたりする行為が「心理的報酬」となり、脳内の「報酬系」が活性化するというもの。また、ドーパミンの分泌が促されて、モチベーションや元気が出るという。

東北大学の研究によれば、こうした「心理的報酬」を受けているときの脳を機能的MRIで見ると、報酬系の中枢である線条体《せんじょうたい》という部位が活性化していることがわかっている。

金銭的報酬を受けるときに活性化する脳の中枢が、同じ線条体であることもわかっている。このため、研究者の中には「心理的報酬」は「金銭的報酬」、つまり、お金を得ることと置き換えられるという人もいる。

しかし、私たちは同じ報酬でも「金銭的報酬」と「心理的報酬」が異なる性質のものだということも同時に認識しているそうだ。

大脳の前頭葉で認知し、その性質の違いを識別して記憶しているためだと考えられている。

中年期を過ぎると、他人から感謝されることや褒められる機会が減りそうだ。職場なら中管理職以上の立場であり、部下を褒めることはあっても、自分が褒められることは少ないだろう。

人は誰でも、何歳になっても〝褒めて伸びるタイプ〟なのではないだろうか。日本は高齢化社会の国である。大好きなあの人に長生きしてもらえるように、褒めるポイントを探そう。

なーんだ簡単なアイデアだ。と気づいたら、
それは正しい新製品。

（シャープ）

コピーライター　仲畑貴志

流行

最近、オジサンの仲間入りをしたと感じる瞬間があった。それは、若者の間で過去の流行がリバイバルをしているときの〝過去〟を知っている自分に気がついたときだ。

私が10代のとき「ハイパーヨーヨー」とか「キャラコバッチ」（ベーゴマの1種）という玩具で遊んでいたら、両親は「懐かしい」と口を揃えていた。昔にも流行ったらしい。かつて自分が遊んでいたおもちゃが再ブレイクする〝時代の循環〟をついに経験した。

例えば、2020年は〝純喫茶〟が流行した。昔ながらのレトロで落ち着いた雰囲気と料理が〝エモい〟そうだ。家でもアイスクリームとさくらんぼを載せたクリームソーダを作ってSNSでシェアするために無印良品のメロンソーダが売れた。賛否が分かれるパンとフルーツの組み合わせで、スイーツなのか食事なのかわからない「フルーツサンド」は〝萌え断〟と呼ばれ、10代の女子高生の間で映《ば》えるトレンドアイテムとなった。

他にも、カメラやレンズ技術の進歩がある中で「写ルンです」のようなカメラも人気が集まった。最近では「過去の映画作品が面白いから」という理由で、〝VHSの復活の会〟までできている。そのうちウォークマンとかMDディスクとかも流行るのだろうか。

ファッションは、必ず過去に流行ったものが周期を経て、時代に溶け込むようにループする風潮がある。今は、80年代ファッションも流行中だ。レコード型のバッグとか、10代～20代前半女子は、昭和風で、レトロ感があるものが〝エモい〟と考えて購買活動に繋がっている。

モノを大切にしている昭和生まれは、案外この先良いことがありそうな気配がする。

四十才は二度目のハタチ。

（伊勢丹）

コピーライター　眞木 準

「ヴァンジャケット」の創業者であり、日本のアイビールックの生みの親である石津謙介氏は、「for the young and the young-heart」というフレーズを考案した。「for the young and the young-heart」の由来は、1954年に公開されたミュージカル映画「Young at Heart」ではないかと言われているそうだ。当時の石津謙介氏は43歳。それでも、『自分を年寄りだと思うなかれ。気分は常にヤング・アット・ハート』というスローガンを掲げて哲学を貫き、ファッション業界を牽引した。この生き方は、カッコよくて憧れる。

映画やドラマで「あの人は、まるで子どもなのよね」という台詞を呟くシーンを見かける。たいてい女房が、旦那について語ることが多い。どうして男性は、そんな「子どもっぽさ」が目立つのだろうか。考察すると、ここでも男尊女卑の社会が原因にありそうだ。

利害関係や損得勘定の中で、色んな文脈を考慮して物事を判断する場所が社会である。そこで生きられるのが〝大人〟である。そんな息苦しい社会に放り出される機会は、未だに男性が多い。仕事のプレッシャー、複雑な人間関係に頭を抱え、大人でいることを求められる回数が多い。だからこそ、男性はどこかで無意識に「子供っぽさ」を大切にする気持ちが育まれるのではないだろうか。「子供っぽい」大人とは、年齢がいくつになっても、遊び心を忘れない人を指すのかもしれない。

「世間一般の人から見れば、大変な無駄遣いだと思われることばかりしてきた」

石津謙介語録でつづられた台詞が素敵だ。40歳を迎えたとき、心だけでもハタチでいたい。

距離に負けるな、好奇心。

（ＪＲ東海）

コピーライター　生出マサミ

理想的な子ども、現実的な大人

子どもは、理想的で冷静だ。だから、子どもが投げかける質問は、真理を探りたい。現時点では社会とかけ離れて生活していると認識しているから、自分の意見が周りと同調していなくても構わないと自覚している。だから、理屈で正しいことを判断していて、素直で、久しぶりに会った叔父さんに向かって「変な顔…」と失礼な感想をストレートに述べることだってある。

大人は、現実的で情動的だ。だから、大人が投げかける質問は、社交辞令で相手との間合いを測るためのツールだ。社会に晒《さら》され、常識やマナーを会得しているから、相手の感情を察することで生きやすくなると自覚している。だから、空気で正しいことを推測していて、嘘が上手で、本心では可愛くないと思っている人にも「カワイイ」とお世辞を述べることができる。

大人は知識がある一方で、頭が不自由なので、想像力が豊かな子どもを羨ましくなることがある。では、子どもっぽさを内に秘めた大人でいるためには、どうすればよいだろうか?

ヒントは「好奇心を失わないこと」だと思った。例えば、違う業界へキャリアを変えるとき。今まで培ってきた経験を一旦置いて、更地から建設をしなければいけないから覚悟がいるだろう。しかし、失うものより新しく得られる喜びに目を向けることで、成長の機会に繋がるかもしれない。子どもは目をキラキラさせて、好奇心で情報を取りに行く。常に「知りたい」という観念によって突き動かされるから、ハングリー精神が溢れている。

子どもの頃の猛《たけ》る気持ちは、〝年齢〟という名の距離を言い訳に衰えさせたくない。

Just Do it.

（ナイキ）

コピーライター　Dan Wieden

若者の武器

どんな億万長者も若さを羨ましがるだろう。なぜなら、若さは、可能性に換金ができる〝時間〟であるからだ。若さは、大金を積んでも、決して買うことができない。

時間を所有していれば、その分だけ夢を実現する確率が高くなるだろう。死が人生の終着点として、ゴールまでの自分の可能性に賭ける相対的な時間が長ければ、有利になるためだ。だから、「夢を達成できる」と楽観的に信じることもできる。大人になると、死までのタイムリミットが近づくから視野が狭まって、自分を信じることに鈍感になる。「あの人は守りに入った」とか言う人がいるが、それは人としては自然な発想で、老いた証拠である。

好きな人に恋人がいたとき、「世界中の男がライバルになるより、日本にいるたった1人の彼氏がライバルだからラッキー！」と考えられるのは、若さ故だ。逆転できる時間を所有しているから、発想できる。大人になると、しんどい恋愛からはコースアウトして、別の恋愛を探そうとするだろう。むしろ「新しい恋愛を始めなければ婚期に手遅れになるのでは」と焦る。

「コンフォートゾーンから脱出せよ」と、転職アドバイザーは助言することがある。現状の心地好い仕事や生活に満足せず、新たな挑戦をしようという意味だ。若いときは、〝心地好いゾーン〟すら見つかっていないから、むしろ新しい挑戦の連続である。

仕事も恋愛も、歩けば棒にあたる。しかし、棒にあたったところで、いくらでも巻き返しできる所有時間の長さこそが、若者の最大の武器だ。

英語を話せると、10億人と話せる。

（ジオス）

コピーライター　岩崎俊一・岡本欣也

手段

「私たちはSNSとか解《わ》からないのよね」

年配の方にデジタルマーケティングの説明をすると、聞く耳を内側に伏せてシャットダウンされるときがある。COVID－19の影響で、オンライン消費に拍車がかかった。私たちは、環境に柔軟に対応していかなければならない。

若手が周りにいる場合、使い方を聞くこともできる。もしくは、その分野に明るい人材に任せることも経営者の手腕であるだろう。

「私は日本人だから英語は話せなくても大丈夫」と耳を塞《ふさ》ぐことはできる。しかし、国際的な標準言語が英語である以上は、拒否したとしても社会で不利益を被るのは自分自身だ。

私が心を落ち着かせて、年配の方と対話できるようになった母の言葉がある。

「あなたのお客様を、自分の母親だと思って接してみなさい」

古希を過ぎた母と、同年代のクライアントも農林漁業の領域には沢山《たくさん》いらっしゃる。新しいことを習得することに対して億劫《おっくう》な心理や、俊敏さが低下することを忘れてはいけなかった。隔日で筋トレや運動をして、LINEスタンプを私よりも使いこなす母と比較するのも若干違う気もしていたが、母と置き換えて会話することで、以前より優しく年配の方と接することができた。

デジタルは〝手段〟である。英語と同じく、世界中の人たちと話すことができるツールであると考えれば、もっと楽しんで取り組めるはずだ。

若さなんて、転がる石よ。

（ストライプインターナショナル）

コピーライター　児島令子

2020年は『鬼滅の刃』(著・吾峠呼世晴)が一世を風靡した。巷では、このアニメのリアルな血飛沫《ちしぶき》や殺戮《さつりく》描写などが、子供に悪影響を与えるかもしれないとSNS上で議論されていた。

この議題は、私たちが幼少期に『ドラゴンボールZ』などの戦闘系アニメを観ていた時も親の数名が同じような話をしていた。戦闘シーンや乱暴な言葉遣いのキャラクターが子どもに影響を与えて、暴力的な行動規範になることを恐れていたようだ。

しかし、これらの過保護な対応は、子どもの教育にかえってマイナスではないか。少なくとも「日本刀は鋭利な刃物であり、振り回すと人を傷つけてしまうほど危ないものだ」と教えることはアニメを通じてできている。広告紙を丸めて作った何も切れない刀からは、学べないことだ。

料理だって「危ないから」といって、親が包丁を握らせなければ、上手に野菜を切れるようにはならない。指から血が出て、痛みを知るから、教訓となり、次に行ける。

同様に、ショックを回避するためにヤクザ映画やセックスシーンの含まれた刺激的な映画にはR指定があるが、年齢で一律制限することにも無理がある。R指定を超える年齢になっても、ホラー映画は未だに怖い。子供によって成長も性格も違うのだから、制限の判断は各家庭に委ねるべきで、他人に強制するような議題ではないだろう。

世間の潔癖性や過度なコンプライアンス規制で、映画をはじめとした作品やテレビ番組は萎縮をしながら創作している。これは、モノづくりにおいて、世界観の幅を狭めることにも繋がりかねない。子どもたちの想像力を養う上でも、年齢による区別は邪魔なときがある。

キャリア

ポーン！ この先、挫折します

（パナソニック）

コピーライター　西村和久

企業の採用面接では「この人は入社後に失敗や困難をどのように乗り越えるだろう？」を観察している。課題解決能力や忍耐力の把握が、離職率の低下に繋がるからである。そのため、エントリーシートを書く上での定石として、挫折や失敗経験を交えたエピソードは、面接官にイメージがつきやすく、好まれる傾向がある。ただ、〝挫折〟という言葉は、題材を思慮深く考えてから使うべきだ。

例えば、２０１８年のユーキャン新語・流行語大賞に選ばれた「半端ないって」は、プロサッカーの大迫勇也選手に対して、同世代の選手の挫折と共に生まれた言葉だ。学生時代に汗水流して練習を重ねたが、大迫選手の凄まじいプレーを体感して、プロを目指すことを諦めるほどの衝撃を受けたそうだ。この出来事は、立派な挫折である。

挫折に共通した定義はない。

しかし、夢や目標を掲げた日から、それらを手放す時期が遠ければ遠いほど、比例して、その当事者が挫折感を大きく味わっていると周りからも認識されるだろう。つまり、努力した歴史が浅ければ、挫折と呼ぶには陳腐に感じてしまう。

その前提で、骨身を削った挫折経験を沈鬱な表情を見せずに言える人は、器の大きさを感じる。エントリーシートでは、挫折の使い方に注意しよう。

釣れた魚は、図鑑と別の顔をしてた。

（イシグロ）

コピーライター　戸谷吉希

裏アカ

就職活動の一次審査であるWEB試験に自信がなかった。そこで、本気で入社したい企業には対策として、裏アカウントを三つ作ってリハーサルをした。好きなタレントの氏名やフリーメールアドレスを登録して準備完了。それらのアカウントで筆記試験に臨み、問題をスクリーンショットする。提出する回答は0点でよく、出題傾向を掴むことが目的である。問題を掴んでから本物のアカウントを作って臨む。非才でも面接試験まで到達するための知恵だった。

10年が経ち、似たような現象がSNS上で起きていると感じた。ツイッターやインスタグラムに〝裏アカ〟（裏アカウント）を作成して、複数の人格を装いながら生きる人たちがいる。言いたい放題できる〝第3の場所〟を自分で創り出している。動画配信アプリの『ふわっち』のキャッチコピーも「もう1人の自分はふわっちにいる」だ。複数の人格や顔を持ちわせることは、もはやファッション感覚なのかもしれない。複数のアカウントが当たり前な時代に生まれたZ世代は、職業を一つに絞ること、住所や拠点を一つに留めないことにも抵抗はない。事実、アドレスホッパー向けのサブスクリプションサービス「ADRESS」は、住む場所を転々とする人たちにマッチしている。

〝自由に生きること〟へのアクセスが一般化すればするほど、それだけ自由な身で稼ぐことも難しくなっていくのも事実だ。

1度きりの人生だが、顔はいくつ持っても構わない。ただし、新しい〝自己管理能力〟が必要になりそうだ。

モーレツビジネスから、ビューティフルビジネスへ

（富士ゼロックス）

コピーライター　細川嘉弘

私が就職活動をしていた時、「オレは、ベンチャー企業に入社して自分を叩き上げるんだ!」と話す学生が数人いて、キャリアパスの描き方は人それぞれだと感じた。私の場合は、上場企業だけ応募した。というのも、当時のベンチャー企業は、まさに〝猛烈〟の一言で、精神的についていけないと感じたからだ。

就業体験という防衛策

大学2年生の頃、都内のベンチャー企業でインターンシップ(就業経験)をした。当時はITバブルも真っ盛りな様相で「寝ないで仕事をするのが美徳」みたいなワーカホリック社風が東京には蠢《うごめ》いていた。駒のように人を入れ替えて、「新陳代謝」と聞こえの良い言葉を振りかざす経営者がいた。

インターン先の会社では、サービス残業は当たり前。終電を逃してタクシーで帰宅することは日常茶飯事な様子。勝ち残れる戦士がもてはやされるから、社員は認知的不協和を解消しようと、覚束《おぼつか》ない足元から目を背け、見えないゴールを見据えるように鞭を打ちながら働いていた。

この経験から、主従関係のある勤務先で、度が過ぎた環境下で働くことは寂寥《せきりょうかん》感を抱くと思った。自分の時間と心を削って働く時は、自分が社長になる時だと薄々感じていた。やりたい仕事を実行する時であれば、四六時中働いていても、前向きになれると思った。

だから、独立した。企業勤めしていた時よりも休日が少ないし、働いている時間は長い。でもストレスは激減した。それは会社員の時のように「時間を搾取されている」という感覚がないからだろう。履歴書に記入不要で、〝無料で就業体験ができる〟インターンシップはお薦めなアクティビティーだ。理想と現実のギャップを認識できるからだ。

とどけ、熱量。

（大塚製薬）

コピーライター　福部明浩

「ベンチャー企業」は、固有名詞として罪はないが、前述の理由で私にはトラウマティックな単語だった。そもそも「ベンチャー企業」という言葉は、日本人が作った和製英語だ。Ventureは、本来は投資をする企業や投資家を指す。でも、日本では投資を視野に入れていなくとも創業間もない中小企業は「ベンチャー企業」と謳っていた節がある。なので、事業が拡大するか不明な会社も〝ベンチャー〟という流行ワードで、社員に夢を抱かせていた傾向がある。そんな状況もあり、友人の職場先を説明するとき、私は無意識にベンチャー企業という言葉をあまり使わないようにしていた。今は、代替として「スタートアップ企業」という言葉が定着したと思う。

Start-upは、アメリカで起業する人材の聖地シリコンバレーから伝わった言葉だ。「行動（操業）開始」「創設」や「起業」の意味として使われる。スタートアップはイノベーションで社会を変えることを期待されており、組織構成や収益方法を含めて斬新なビジネスモデルをもつ企業を指す。だから、スタートアップはクラウドファンディングや第三者割当増資などの資金調達をして、社会から活動を応援されている印象を受ける。実にポジティブなイメージがある。

誰しもが嫌悪感を抱く〝不倫〟は〝パパ活〟と言葉が変わるとライトに聞こえるが、男女の関係性や行為は近しい。〝出会い系サイト〟から〝マッチングアプリ〟への転換もデジタルを介して見知らぬ男女が出会っていることには違いがない。でも言い方一つで、人が受ける印象は変わる。人は、つくづく言葉による支配が大きい。

モデルだって顔だけじゃダメなんだ。

（パルコ）

23歳頃から、他人が書いた自己啓発系の本を読まなくなった。たぶん、他人の教訓を参考にする読書に辟易したからだろう。環境が異なる他者の成功ストーリーを読んだところで、人生のトレースはできない。もし、あなたが倹約して中古の自己啓発本を購入している状況があるならば、危機感を抱くべきだ。本を買った自分に満足をして、今日も小銭を誰かに落としている。この類の本は、数冊ほど図書館で借りれば十分かもしれない。大体、似たようなことが書いてあるからだ。

これらの本には、「上司の言うことは聞くな」みたいな、鋭い見出しが目白押しだ。それらは、本を出版するほどの人が、人生を振り返って語った台詞だ。例えば新卒で仕事を覚えていく時期の人が、格言を鵜呑みにして会社で同じ行動をすると、立ち回りがしづらくなって逆効果であろう。読者と著者の間に、現時点で経験や環境の差があることを忘れずに読むべきだ。成功を収めた著書と同じ経度と緯度を歩もうとしても、両者が手にした地図が異なれば、足跡が重なる確率は奇跡に近い。

決して、他人の生き方が書かれた本を否定しているわけではない。歴史上の偉人の伝記や経営者の著書から学ぶことは多々ある。重要なことは、〝本から得たスパイス〟を自分の人生の中で、どのように活かすかである。自分の人生に向き合う読書をしているかどうかで、自己啓発の真意が問われている。

つまり、「真似だけではダメだ」ということに、気がつくかどうか。自分の人生に対する参考書や攻略本は、どこの書店でも販売していない。自らで、1ページずつ執筆するしかない。

あなたがいま辞めたい会社は、
あなたが入りたかった会社です。

（リクルート人材センター）

コピーライター　梅沢俊敬

評価のギャップ

ドラマ『フリーター、家を買う』(フジテレビ放送)で嵐の二宮和也さん演じる武 誠治〈25歳〉が、ハローワークで職員と話すシーンを観て、ハッとした。

「まだ僕の力を最大限に発揮できる職場に、ただ出会えてないだけだと思うんです」「企画開発って条件を変えるつもりはないんですよ」

資格やスキルが乏しい自分を客観視できず、社会のせいにして、自我を通す発言に、職員から呆れられる光景。リアルな演出が頂門の一針だった。

スタンフォード大学の心理学者ディヴィッド・ダニングと当時大学院生だったジャスティン・クルーガーによって報告された研究では、「能力の低い人ほど自分の能力を過信する傾向がある」ことがわかっている。ユーモア、理解、文法、論理といったテストで下位だった被験者は、他の群よりも自分の能力を過大評価していた。この傾向を「ダニング=クルーガー現象」と呼ぶ。この現象は、高学歴でもプライドの高い人に発生しがちな気がする。有名大学卒のエリートの知人が、エンターテイメント業界に就職して、芸能人の鞄持ちのような職に就いた。そのとき「こんな仕事を大卒のオレにやらせるのか…」と愚痴をこぼしていたことがあった。

学歴、家柄、過去の成功体験が邪魔をして、20代は与えられた仕事が自分に相応《ふさわ》しくないと誤認するときがある。解決策はシンプルで、自分の能力に対する他者の評価と自己評価の差を早く縮めることだ。会社に入った理由や、在籍中に得られるメリットを書き出し、検討してから会社を辞めても遅くない。

まっすぐの人間だから、よくぶつかる。

（西武百貨店）

コピーライター　仲畑貴志

模索の連続

キャリアに悩んだ20代。私は年上の社会人の先輩を捕まえては「相談させてください！」と闇雲にメールを送り、食事に誘っては、転職や起業のアドバイスを仰いでいた。将来に気を揉んだ経験不足な自分と〝理論の答え合わせ〟をしたかったのだ。独りでは不安で決断ができず、でも現況をなんとか変えたくて、藁にもすがる思いだった。

結果、人に聞いてばかりいた私は、嫌われて距離を置かれるようになった。悩みばかりを相談する後輩と飲んでも楽しくないからだ。清新の気に溢れた就活生ならまだしも、社会人になってからの甘えは通用しない。また、浅薄な私は、相談した先輩からの助言を素直に聞かず、不器用に走っては壁にぶつかって、よく呆れられていた。でも、勘所で自ら答えを出したときは後悔がなかった。模索して自らの意思と責任で試す。仮にその行動が失敗に終わり、それが原因で目的達成が予定よりも遅れたとしても、「過程において遅れに見合った経験値が手に入る」と考えるようにした。失敗をした人は、失敗の原因や対策を語れる。想像に勝るリアルなエピソードだから、誰かに伝えるときも聞く耳をもってくれやすい。

中学生の頃、東大生の家庭教師が「何で、お前こんな簡単な問題がわからないの？」と本音をこぼしたことがあった。「怜悧な人だけど、他人を慮《おもんぱか》ることが苦手なんだな…」と哀しくなった記憶がある。人生が模索の連続で、壁にぶつかりながら生きてきた人には、他人が抱える悩みがきっとわかる。まっすぐ生きると、痛みも多い。でも、できたアザは勲章であり、特権でもあり、財産になる。

牛乳に相談だ。

（中央酪農会議）

コピーライター　細川美和子

冷え性

〝冷え〟は万病の元と言われ、免疫力低下と代謝の悪さから生じる。20代前半の私は、この〝冷え〟に悩まされた。精神的なストレスが原因であると気づくまでには時間がかかった。

当時のストレスは、〝ストイックな食習慣〟にも原因があった。「太りたくない」という強迫観念から、炭水化物は食べずに過ごした。体に合わないと知らずに、カットサラダを毎日摂って、糖質を抑えていた。区民プールで水泳した後には、慢性的な冷えがひどく、革のブルゾンの上にダウンジャケットを羽織っても寒かったし、冬は足の指に霜焼けができた。「動物性たんぱく質を肉から摂取することで代謝を上げる」という視点が抜けていた。栄養や食品に対する理解が乏しいまま、勝手な健康信仰をしていた。もはや「1人カルト」状態である。

病院でも冷えの原因は不明だと診断されて、クリームなどの処方をされたが、改善しなかった。しかし、自分のキャリアを見直し独立した28歳頃から、冷えの症状が嘘のように無くなり、基礎体温も上がった。目先の収入より、自律神経と向き合うことを優先した結果だと思った。つまり、独立は私にとって〝予防医学〟だった。

株式会社ウェザーマップの気象予報士の江花純さんは、「月刊NOSAI」(令和2年3月号)で「牛は環境に敏感な動物で、気象や衛生面など色々な環境によってストレスがかかると乳量に影響を及ぼす」と語っていた。牛は、気温によっても乳量が減るほどデリケートな動物だ。牛のアウトプットの一つが牛乳だとして、あなたの人生のアウトプットは何か? お金? 健康?

一度、生き方を自分と相談だ。

就職は、結婚ではなく、恋愛です。

（三陽商会）

コピーライター　眞木　準

石の上には0年

『後悔しない人生を送るたった1つの方法』（著・井上裕之／中経出版）という本は、転職するときの背中を押してくれた。本の中で、マイケル・ジョーダンがバスケットボール選手から野球選手に転身して、2年間ほどプレーをした経緯を知ったからだ。マイケルジョータンは、「もしバスケットボールだけをしていたらわからなかった。野球選手になれば良かったと後悔をしていたかもしれない」と話していたそうだ。

アスリートとして生きる道が二つ並列している時点で、マイケル・ジョーダンは天才である。ただ、それよりも感銘を受けた点は、彼の選択にある。後先のリスクを顧みず、損得より先に自分の不安の正体を突き止めて行動した。彼は、野球選手に一度も転身をしないで、後悔をしたまま生きていくほうがリスクであると考えたのだ。

転職をする際に「履歴書を汚すと不利ですよ」と人材派遣会社のコーディネーターから忠告を受けることも多い。それも正しい。ただ、どれくらいの期間、1社で働けば他人の信用に繋がるのかは曖昧である。面接を受ける会社の人事の価値観に委ねられるので、正解がない。「石の上にも3年」いて、足が痺れて動けなくなっても、誰も保証はしてくれない。

私は証券会社から商社に転職し、3社目には懲りずに金融業界に戻った。それがその時のベストな選択であると思ったからだ。会社とは、実際に入社してみないとわからないことも多い。恋愛も同棲をしてから、パートナーの嫌なところを知って、別れることもある。つまり、就職で交わす契りは、一生ものでない。気楽にいこう。

コロコロ変わる、未来の予定に。

（パイロットコーポレーション）

コピーライター　佐藤舞葉

未来の予定は未定

人生史上のドン底期間が23～25歳。空回りしていた状況から抜け出せた術は、〝未来をデッサンすること〟だった。ライフプランを作ろうとすると、行動が制限されて、息苦しくなる性格。流されているわけでもないけれど、やりたいことなんて天気のように変わる。だから、何度も消しゴムで消しては、描き直せるデッサンのほうが計画よりもしっくりきた。

夢もビジョンもイラストみたいなもので、まず描ければよい。予定や計画のように「立てる」ものとは違う。超ふにゃふにゃで、自立しなくたってよい。具体性がなくても、抽象的でぼんやりしていてよい。人に語る義務もないから、言葉にしなくてもよい。自分にだけ説明ができて、見失わなければよい。ただし、そのイメージを達成するために必要な条件は、「ＴＯＤＯリスト」にして、言語化しておいても便利かもしれない。メモする場所は、頭の中でも、手書きノートでも、どこでもよい。

そんな「人生のＴＯＤＯリスト」は、気づいたときに時間をつくり、反復するようにしている。見返す時間も予定として立てずに、思い出したらやればよい。私の場合、生き方にすぐ悩むクセがあるから、見返す時間は必然とやってくる。

思いを馳せて、考えを巡らせて、自分の中で温める「可能性」という卵。そんな卵から孵化するものが、夢や自己実現なのではないか。音を鳴らしてヒビが入ると、「お！」と夢の片鱗が見え隠れして歓喜も束の間、孵化しないことも沢山ある。まだ、温める時間が足りなかったのかな。そんなときは、また新しく描いてみよう。

生き方

仕事を聞かれて、会社名で答えるような奴には、
負けない。

（リクルート）

コピーライター　柴垣樹郎

『日経ビジネスデイリー』（2020年12月3日）の記事に衝撃を受けた。ヤフー株式会社が「ギグパートナー」という副業人材を募集した結果、1か月で延べ4500人超が応募して、104人を採用（業務委託契約）した。

「ギグ」とはライブハウスで偶然に居合わせたミュージシャンが、演奏に参加することを「ギグ」と呼ぶことから由来するそうだ。月5～8時間勤務で5～20万程度の報酬単価。グーグルの元エンジニア、飲食店予約サイト「Retty」のイノベーション・ラボ長を務める樽石将人氏などの優秀な技術者のみを集めたかと思いきや、小学生、高校生、主婦、高齢者、医師など、必ずしもデジタルに精通した専門家だけではない点がユニークだ。年齢も幅広く10～80歳までいるようだ。Zホールディングスの川辺健太郎社長は、「世代ごとのリアルな消費行動やライフスタイルの掌握をするために実行した」と記事内で話されていた。企業色に染まらないアイデアを得る目的と同時に、採用コストの削減が狙いだ。中途採用で雇用すると、コストがかかる上に機動力が落ち込むが、副業ならば複数の稼働力を低ハードルで獲得できる。コロナウイルス感染症の影響で、長時間通勤からの解放、会社員の副業が増加している背景も上手に捉えたと思う。

「隙間時間も仕事で稼ぐ」という就業スタイルは、現代のトキ（イマ）消費の価値観にマッチする。タイパ（タイムパフォーマンスの略）という言葉が生まれるほど〝時間対効果〟を意識して働く人が増えている。決して有名な会社ではないが、2足3足のわらじを履いて、リスク分散型で働くことも一つのキャリアだ。

この惑星では、
どんな仕事も誰かの役に立っている

（サントリー）

コピーライター　福里真一・照井晶博

ヤフーにおける副業人材の年齢構成比は、20代が28・6%、30代が41・7%である。この結果は、就職情報サービスなどを手掛ける日経HRと日本経済新聞社とが、2020年10月に共同で実施した「副業に関する調査」によるものだ。

「勤務先が副業を容認している」と答えた人は28・1%にのぼり、「実際に副業をしたことがある」と回答した人は、全体の17・3%だった。

副業の労働時間管理は企業にとって避けられない課題であるものの、個人事業主であれば副業先の勤務時間を管理する必要がなくなるため、労務管理の負担を軽減できる。また、従業員の虚偽申告や申告漏れなどで労働時間が法定上限を超えた場合でも、企業が法的責任を問われないようになった。しかし、この議論はいささかお門違いである。法的責任を問うような人は、最初から副業に向いていないからだ。Labor（労働）とWork（仕事）は違う。労働は義務的で苦しいが、仕事は創造的で楽しい。Workには「成果・作品」という意味がある。副業をしたい人は、仕事と人生を不可分にするように働きたくて副業をする。

Labor（労働）vs Work（仕事）

好きな仕事は、時計で測れる。内発的動機づけがある仕事は、時計を見ることを忘れて没頭してしまうが、憂鬱な仕事は秒針が速く進むことを願う。だから、時計を見る回数が増える。つまり、好きな仕事をしている中で、長時間労働の告発をするなんて発想が、皆無なはずだ。副業で得られるものは物理的な報酬だけではない。「私の体験、人の役に立っているかも」という発見も報酬だ。この発見が、生きる上での自信となる。

近道なんか、なかったぜ。

（サントリー）

コピーライター　小野田 隆雄

専門分野のタコ足づくり

2021年1月から、全従業員2000人に対して副業を解禁するサッポロビールは、社員にコンサルタントや講師など、個人事業主としての副業を認めた。コンサルタントや講師という仕事は、副業を始める上で本業務に相反しない確率が高いから提案された職種だろう。副業を通して自社ブランドや会社を客観視することで、改めて自社の魅力に気がつくかもしれない。その上で語る「男は黙ってサッポロビール」は、きっと重みが違うだろう。そんな懐の深い会社で働ける方々を素直に羨ましく思う。

ただ、コンサルタントを目指す場合、〝評論家〟と化すことには注意したい。会社にとって、偉そうに評論する人は不要だからだ。できれば一緒に汗水をたらして、プロジェクトを遂行してくれる人を企業は望むのではないか。課題解決に向けた具体的な手段や提案、そして行動が伴うコンサルタントのほうが、チームの一員として認めてくれやすい。

バスケットボールのテクニックから由来した〝ピボットキャリア〟という言葉がある。ピボットとは、片足を軸として動かさず、コンパスのように弧を描くオフェンス技術だ。ボールを奪われることなく、四方八方に自由に動くことで視野が広がり、パスやシュートコースの選択肢が増える。キャリアでは、軸足に得意分野を置いて、他分野の仕事にも少しずつ挑戦していくことを指す。固定された軸足があるから、合わないと感じれば、いつでも戻る場所がある。専門分野のタコ足が増えれば、仕事の幅が広がるだろう。そんなことを考えながら動いてきた時間が、きっと、いつかまた武器となる。

昨日は、何時間生きていましたか。

（パルコ）

コピーライター　仲畑貴志

今日の自分は、今日死ぬ

余生を時分秒に置き換えて逆算したとき、今の仕事を続けたいだろうか？

２０１０年、リーマンショックの影響で「１００年に1度の就職氷河期」と言われた。だから就職活動のゴールが〝内定〟の人も多く、私も将来的に転職が有利になりそうな企業に入社しようと決めていた。なぜなら、１社目の選択に、これだけ煩慮《はんりょ》したわけだから、必ず２〜３年後にキャリアに迷う自信があった（予想より早くて3か月で迷った）。

普段の睡眠が6〜7時間、３食がトータル２・5時間、入浴が30分と仮定したとき、社会人になれば残りの約14時間は「働く」時間だ（経営者や投資家は別として）。1日の半分以上を「働く」が占める毎日の中で、いつ死ぬかは定かでない。死は突然に到来する。だから、後悔をしない人生を送りたいと、人は願う。

「あなたの命はあと20日です」と宣告されたとき、私は何を、誰を想うのだろう？

「いつ死んでもよい」なんて口が裂けても言えないほど、私には、やってみたいことや、見たい景色が山ほどある。

格言「今日という日は、残りの人生の最初の日だ」（チャールズ・ディードリッヒ）が胸に刺さる。「今日生きたOminaeという人間」は、今日死ぬ。明日になれば、今日の自分が蘇ることはない。

だからこそ、今日も明日も後悔しない時間を過ごしたい。

受かった人と、一年間の競争をしようじゃないか。

（河合塾）

コピーライター　岩崎俊一・岡本欣也

遅咲き

私はアメリカに留学をしたので、大学に5年通った。当時は、同級生より社会に出遅れることから焦りがあったが、今となってはまったく関係がない。

「才能が開花した」などと、才能を表現するとき、動詞に「花」を使う。20代の頃に〝ニート〟という言葉が、差別用語に該当するから〝レイブル〟という言葉で呼称する・しないという類のニュースをテレビで観た。今では、この言葉は死語で、音沙汰がない。レイブルは、〝Late Bloom〟の略語で〝遅咲き〟を意味する。開花するかもわからない自分の才能の芽を「レイブル」と尊称するほうが、よっぽど恥ずかしいのではないかと思った。

「お仕事は何をされているのですか?」と尋ねられて「あー、今のところレイブルです」と返答されたら、唖然として立ち尽くすだろう。「ニート」と答えたほうが、潔くてわかりやすい。フリーターもニートも同義語として解釈する人に違いを弁明する時間があれば、人生を真剣に悩む時間に充てたほうが合理的だ。ニートやフリーターをしながら目標に向かって生きている状態を馬鹿にする人は、〝モラトリアム未経験者〟の浅慮な人だと思って、大目に見てあげよう。夢や目標を叶えるために、フリーターやニートに留学する人も大勢いる。今では、ニートでも広告収入だけで会社員よりも遥かに稼ぐ人すらいる。

私も就職留年をするか迷ったくらい、新卒の頃は悔しい思いをした。もし意に叶わず就職先を選んだ人、もしくは就職留年や浪人を選んだ人。その状態を嘲笑する人がいたら、その人と今日から競争してみよう。今だけじゃない。人生というレースの勝敗は、これからだ。

土日も、祝日も、昼休みもない。
睡眠時間さえ、勤務時間。
心の余裕がなくなってはいけない仕事なのに。

（TOHOシネマズ）

コピーライター　こやま淳子

休日の過ごし方

個人事業主や経営者には、土日や祝日休みの概念がない人が多い。正月ですら、日常が変わることがない。この原稿も12月31日に紅白歌合戦をＢＧＭとしながら執筆していた。テレビ局のアナウンサーの方々も、同様の感覚ではないかと想像する。

「休みの日は何をされているのですか？」の質問が、滅法答えづらい。休みの日は適当につくって、やることも定まっていないからだ。

日本が決めた国民の休日に囚われることは不便で、意識と行動を支配するものだと思う。休みをつくることは簡単であるが、目先の自由を優先してしまうと在りたい自分と遠のいてしまう気がして、私はストレスになる。自律してコツコツ自走して、自分のペースで小休止をしたい。だから、安堵を覚えるときも１人のことが多く、快哉《かいさい》を叫ぶ場所は心の中である。

２０２１年の正月。あれだけ日本政府が不要不急の外出自粛を要請しているにもかかわらず、初詣に大勢の人が訪れているニュースを見た。その願懸け、コロナ渦で何を願うのか？「今年も健康で過ごせますように」ならば逆効果だ。確実に、人が密集する場所に出歩かないほうが健康でいられる確率が高い。

ブラジルでは、新年に着用する下着の色を変えて、新年の願いを込める風習がある。下着は人に見せるわけでないし、自分の心の中で完結しているという点で、この文化は模範的だ。ワーカホリックで働いている人も、休日や毎年の恒例行事に囚われている人も同じ。心に余裕をもちたい。

降参したら、楽になりました。

（岩田屋）

コピーライター　仲畑貴志

青写真の現像ミス

「いつか 想像してた未来と いまが すこし違っていたって 夢のための 涙は まだ消えずに光り続ける」。V6さんが歌う「Feel Your breeze」のサビの歌詞が、年齢を重ねても心に響く。

自分が掲げた未来へ向かって走る若者への応援ソングである一方で、かつて描出した未来と異なる道を歩んで、迷子になりそうな大人への激励ソングだと思う。

20代の頃、私の34歳の未来予想図は、こんな感じだった。20代で稼いだ資金を運用して、海外に拠点を移して、週末には大自然の中にあるムガール様式のホテルで過ごす。焚火が灯された長閑《のどか》なベランダで、赤ワインを揺らして「1／fゆらぎ」を感じる。

描いた未来は、29歳になったあたりで、降参した。証券アナリストも驚く大幅な下方修正。年金受給日を指折り数えて老後を心配している初老に親近感を覚えるかのように、必死に仕事をしている自分がいる。描いた未来と現実が違ったとき、人生を反芻して、期待外れの自分に問いただしたくなる。「一体、どこで人生の歯車が狂ったのだろうか?」と。

しかし、人生の歯車が狂ったわけではない。単純に、自分を構成している歯車のカタチや材質を理解せずに、回転させていただけの話だ。自分と向き合って、歯車の特徴を理解して、メンテナンスすることで、きっとまた機能する。

〝青写真の現像ミス〟は、一度や二度、誰にでもある。そのときの試合では、自分の弱さを知ったから、白旗を上げた。でも、降参は永遠にするものではない。時を経て、何度でも勝負に挑めばよい。一時の降参で流した涙は、人生に降参するまで消えずに光り続ける。

そろそろ次のこと。

（丸井）

コピーライター　石丸淳一

挫　折

目的が達成できなかったとき、どうあがいても、自分の能力や努力では成就が見込めないと判断したとき、悔しさと共に零《こぼ》れる現実が「挫折」である。

精神的な苦痛が伴う身の引き方であり、心の支えである拠点から強制退去させられるような感覚。だからこそ「諦める」とは違う。諦めずに頑張って、エネルギーを費やしてきたからこそ、挫折をすることで、潔く諦められることもある。だから、動詞に「味わう」が用いられることにも合点がいく。

挫折は、一瞬では浸れる心象ではない。長い年月をかけて、複雑な心境がブレンドされて、心の中でワインのように広がって余韻を残す。時を経て、当時の情景や匂い、思い出が共に醸し出された上での断腸の想い。これが、挫折である。

一方で「諦める」の言語は、明らかにする、見極める、事情をハッキリさせるという「明らむ」から派生したそうだ。漢字の語源も「心理を悟る」といった意味で使用される。つまり、思い切って次のステップに進むために、ときに諦めることは、ポジティブな過程である。

夢の探し方は、人それぞれだ。競争社会に生まれたけれど、そもそもスタート地点が同じではないから、「ハンディキャップはあって当たり前だ」と考えると気が楽になった。文句と不平を言って立ち止まると、見える景色は進展しない。

挫折でガクンと折れた膝は、早めに治癒すること。そして、コースを変えてもう一度スタートダッシュしたい。すると、「挫折を乗り越えた人」になれる。

総理大臣になりたい子供が、今は何人いるだろう。

（ウィン・フードシステム）

コピーライター　米村大介

子どもたちが将来なりたい職業で「ユーチューバー」が上位に君臨している。これは、自分に正直に生きているからではないか。

母親はスマホを子どもに預けておけば静寂の中で、家事や仕事が捗る。

YouTubeは「育児の救世主《メシア》」だ。子どもは更新頻度が早い動画コンテンツを毎日のように閲覧するため、単純接触効果が大きいユーチューバーに好意を抱きやすくなる。また、YouTubeは非現実的な動画を流すチャンネルが、子どもたちからも人気が高い。財力によって学校では真似できない実験や、子ども単独では成し遂げられないワクワクする演出をするから楽しい。動画を見て、子どもたちが「好きなことをしてお金を稼げる職業が、ユーチューバー」であると認識するのも無理はない。〝生き方〟自体に対しても憧れを抱くようになるのは自然である。

父親が暗鬱な顔を浮かべて会社から帰宅し、ビールを片手に母親に仕事の愚痴をこぼす光景があったとする。子どもは、そんな父親の背中から社会で働く厳しさを敏感に汲み取るだろう。ユーチューバーは、睡眠時間を削って動画を編集する人も多く、過酷なときもある。でも地味な努力や辛さはプロとして微塵も出さずに、夢を与えて続けている。だから、今日も子どもたちに支持される。子どものなりたい職業を一方的に否定するのではなくて、むしろ一度トライさせてみて、苦労を体験させてもよいのではないか。

子どもの目には、ユーチューバーは実に楽しそうな仕事に映る。リアルな演出で、炎上すると、すぐに謝る。正直なコミュニケーションをしているからこそ、子どもに選ばれている。

考えよう。答はある。

（旭化成ホームズ）

コピーライター　磯島拓矢・平山浩司

路線変更

自由とは、自分が思ったとおりに生きることだ。そして仕事は、自由を獲得する手段である。私の場合、自分に合う生き方を見つけるため、20代で7回も転職するとは夢にも思わなかった。予想外の連続で生きている。

夢を実現するために達成すべき目標が見えた人。誰かに憧れることで情熱を燃やしてきた人。悔しさや憎しみをバネにした人。今の自分を俯瞰して、もう一度やりたいことを探した人。

幸せを掴むための仕事の選び方は、大人になってからも迷う。だからこそ、大人は幼少期の子どもの〝なりたい職業〟を一方的な大人の都合で否定することは避けるべきだと思う。幼稚園の頃、「将来は何になりたいの？」と大人に尋ねられて、「わからない」と首をかしげると、親から鬼の形相で睨まれた。「あ、この回答は歓迎されないのか」と子どもながらに悟った。本心でないが、可愛げがある、〝わかりやすい職業〟を用意しておくと褒められた。パイロットとか、別になりたいかわからないし、憧れを大人のエゴで強制されることに違和感があった。

「ケーキ屋さんになりたい」と幼少期に夢を掲げて、将来ケーキ屋さんになる人は、何人いるのだろうか。一般企業に就職をして、社会を知り、儲かる仕事が他にあると理解した上で、昔からの夢が忘れられずケーキ屋さんを始める人も大勢いるだろう。子どもの頃に抱いた夢を、人生で寄り道をしたからこそ、実現させたくなった可能性もある。つまり、子どもの夢を親が憂慮することは、杞憂だ。子どもは、自由を手に入れるために考えて仕事を選び、親が知らない間に、勝手に夢の路線変更をしているものだ。

葛　藤

記憶力に自信ないから
理想と現実のギャップ
ナルシシズム
よい塩梅
美ジネスマン
ルックス
才能と遺伝
楽観
歯が命
『ＬＥＯＮ』で測れる

勉強したくなかったときの記憶が、
教える工夫につながる。

（日本教育大学院大学）

コピーライター　谷野栄治

宅地建物取引士の資格取得にあたって「要点コピペ法」を使った。これは便利な学習法なので、ご紹介したい。

「要点コピペ法」とは、長文で覚えずに要点をイラスト、表、語呂合わせに転換して、暗記を簡略化する方法だ。試験の最初10分間は、問題用紙に覚えてきた内容を書きこむ作業にだけ集中する。そうすると、テスト用紙に再現した図や表が、〝合法な〟カンニングペーパーと化すので、見ながら問題を解くことで、「あれ、なんだっけ？」と悩まないで済む。

この方法は、大学時代に一般教養の論述形式の試験で会得した。「法的財産遺留分について」の論述問題だった。問題を解き終わったあと「論術問題って、記憶力テストなんだ」と感じてしまった。文章力や国語力が求められているわけではない。あくまで教授に「この生徒は、理解しているな」と感想を抱いてもらうことが、ゴール。すなわち、予め覚えた定型文やキーワードを散りばめて文をつくればよい。テスト中に覚えてきたデータを瞬時に復元して、応用する技術が肝であると感じた。

私は、人の名前や固有名詞を覚えるのが苦手だ。物忘れも多い。だから、有限な許容量である脳のメモリーを節約して、留めておくべき内容は、できるだけ最小限に保管したい。お土産で売られている、〝水に漬けて広がるタオル〟のようなイメージで、コンパクトに知識を運ぶと楽だ。長期記憶へのアクセス時間が早まれば、あとは国語で組み立てればよい。

記憶力に自信がないと感じている人は、覚えたことを再現する工夫を意識すると便利だと思う。

決められないのは、決めつけているから。

軽井沢高原教会

理想と現実のギャップ

理想と現実のギャップに悩んだとき、シーソーゲームの理屈を思い出すと、症状が緩和できる。私は、この悩みの原因を「自分の願望や理想が精神的な不満を生んでいる状態」と分析している。例えば、周りの人間が優秀で、自分の理想に近いステージにいると、自分が惨めに見えて、大きなストレスを抱えることがある。そんなときは「理想と現実の均衡」を意識してみたら楽になるのではないだろうか。

つまり、損益分岐点のような理想と現実が交差する点を見つけて、精神的なバランスを取る方法だ。恋愛で例えるとわかりやすいかもしれない。

まずは、理想の下方修正をする。イケメンで年収2000万円以上の男性と結婚をすることが高望みだと気がついた場合、ルックスそこそこで、年収700万円という人も視野に入れてみる。悪く言えば妥協である。しかし、この調整で、以前よりも現実との折り合いがつきやすくなり、理想へ到達する可能性は高まるため、ストレスの緩和に繋がるかもしれない。同時に、現実の上方修正をする。例えば、イケメンや年収の高い人を射止めるために努力をする。美容、ファッション、気品や気遣い、ダイエットなど、何を今より磨くかは、その人次第である。ただ、理想と現実を一致させるように自分の行動を変えると、現実が理想に近づく可能性が高まり、均衡になろうとする。そのときに再度、理想を上げればよい。上場企業もステークホルダーに躊躇なく、業績の見通しを上下に修正しているわけで、個人だって調整は何回でも自由である。

服が変な日は、まっすぐ帰る。

（マツヤレディス）

コピーライター　門田陽

ナルシシズム

自意識過剰とは「自分がどう思われているかについての意識」であり、この意識が強ければ「ナルシスト」と呼ばれる。周囲から自分が「意識されている」という錯覚に陥ることが「ナルシシズム」であるが、SNSの普及で拍車をかけた。

アメリカの大学生数万人を対象にした調査において、ジーントウェンギと同チームは、1980年代半ばから2006年にかけて、いくつかの発言によって計測されたナルシシズムが30％も増加していることがわかった。

「セルフィー症候群」とよばれる、自己のイメージ演出に敏感な人たちは、自撮り写真や動画を通して、自分のアクションにどのような効果があるかを必死に考えているのだろう。

企業の人事担当者が、事前に学生生活を覗いて人間性を確認すること。彼氏の浮気調査の一つの手段とすること。SNSは、常に人から「見られている」感覚を植え付けている。その結果、自意識が高くなるのは当然である。

「人と比較しないで生きましょう」といったフレーズも見かけるが、人と比較しない生き方が難しくなっている。自分のいる立ち位置は、社会や他者との比較でしか定められないからだ。

少し前に「Facebookうつ」という言葉すらあった。自己顕示欲を見せ合うSNSは、周囲の承認を得ることが目的となって、他人の充実した人生と比較すると、自分がみすぼらしく感じて悩む人が増えた。

今も悩んでいる人へ。

「世の中に悪気のないナルシストが増えただけだ」と視点を変えれば、気が楽になると思う。

他人という鏡に映った私は、美しいだろうか。

（サントリー）

コピーライター　戸田裕一

誰しもが、自分の容姿を一度はどこかで気にしたことがあるだろう（私も生まれ変わったら横浜流星さんのような端正な顔立ちと身長がほしい…）。

容姿を気にすることは、他人の目から容（形）の見え方を気にしているということだ。各々に、容の合格基準みたいなものがあり、その指標はときに「顔面偏差値」と言葉を変えて、内面で点数化されている。誰かの基準に照らすように他人の視線を意識してしまう。

顔の型だけではない。体型、髪型など、人間の姿形をつくるものは、外観として印象をつくる。それだけ、形に強い関心があるのが人間だ。ただ、これは行き過ぎてしまうと気色が悪くなる。人間味がなくなり、美から遠ざかってしまう。

「良い塩梅」とは、まさしく美容にも適用できる用語だと思う。もともと食酢がなかった時代、塩と梅を漬けたときにできる梅酢を使って料理の味を調整した。塩と梅酢の絶妙なバランスにより「料理への加減がよい」という意味で「良い塩梅」という言葉は生まれた。

サイボーグみたいに人工的な顔になるような整形を繰り返す人は、味覚が麻痺して塩梅のバランスが取れなくなっている状態に近い。曇った鏡を見つめているから、他人の鏡に映る自分を意識できなくなっている。

COVID－19の影響で整形手術の需要が拡大しているそうだ。マスク常用が自然で、ダウンタイムの経過を日常で隠しやすくなったからだ。コロナウイルス感染症の症状の1つに味覚が鈍ることは知られているが、自分の美的感覚も鈍らないようにしたい。

美しい人はより美しく、そうでない方は…
それなりにうつります。

（富士写真フィルム）

コピーライター　渡辺一博

「第1回 美ジネスマン&美ジネスウーマン コンテスト」という新人タレント発掘オーディションを2013年に受けた。「日本のビジネス界を明るく元気にしよう!」をコンセプトに、株式会社オスカープロモーションと国内の紳士服・スーツ販売で名の知れた「洋服の青山」が共催した企画だ。

企業面接は幾度となく受けてきたが、芸能オーディションは初出場。そのため、渋谷「109」の近くにあるスタジオで、応募に必要な宣材写真を撮りに行った。すると、200枚くらい撮影した写真の中で、納得する写真が1枚も出てこなかった。現実を突きつけられた気がした。等身大の姿がそれなりに写し出されていて、「芸能界で勝負するのは無理だ」と悟った。

このオーディションの一次書類審査はパスした。しかし、二次予選審査で、全国から集まる猛者たちにボロ負けした。

諦めないことは大切である。ただし、自分の努力では抗えない遺伝的な要素が大きく影響する目標は別の話だ。早く見切りをつけることも大事だと感じた。肩を落としてオーディション会場を後にした帰り道だが、すでに頭のスイッチは切り替わっていた。自宅に戻り、美容皮膚科に電話して、ヒゲの永久脱毛の5回コースを予約した。「ヒゲを生やさなければいけない」という責務のある仕事は、俳優くらいしかないだろう。私は右頁のコピーでいう「そうでない方」の人生を歩む決心をしたので、転職の面接で重要とされる「清潔感」を最優先した。ある意味、「美ジネスマン」の第1歩を踏み出せた出来事だった。

私だけ、美人だったら、いいのに。

（西武百貨店）

コピーライター　山本尚子

非情なまでに「ルックス」が経済的・精神的な価値と相関している。これぱかりは世相や時代も関係なく、不条理の渦が常に私たちを飲み込んでは、日々の精神的な葛藤を生む。イケメンと美人は生きる上で、たしかに有利である。

顔の筋肉は約45個。全身の筋肉の7％に相当し、顔はその他の場所の約3.5倍の筋肉があることになる。顔の筋肉が発達している理由は、表情を豊かにつくるためだといわれている。子どもは、たまに身体が省略されて、顔に手足がついた気色の悪い妖怪のような絵を描くが、あれは大人よりも子どもは顔を重視する傾向が強いからだそうだ。

そして、脳は顔という部位を自然と注視するようにできている。つまり、人を顔で判断するのは、人間の本能だ。だからこそ、「美しい」と褒められる歓びを、男女問わずに求めていて、独り占めしたくなる。

映画『塔の上のラプンツェル』のユージーンは、Disneyイケメン投票で1位になるキャラクターだ。それもそのはずで、Disneyで10名の女性クリエーターが「ホットマン会議」を催して、イケメンのあらゆる条件を集計した顔が、彼。同じく、映画『アラジン』の主人公アラジンも、実は3名の実在するスーパースターがモデルとなっている。見た目は、トム・クルーズ。性格はマイケル・J・フォックス。身のこなしはM.C.ハマー。その3人の魅力を集大成させて、アラジンは今日も魔法の絨毯で空を飛ぶ。なんて贅沢な男だろうか。でも気がつかない？ 見た目、性格、身のこなしによってロールモデルを分けている点を。美しい人の条件は、顔だけじゃない。

必要なものは、地味に見える。

（大塚製薬）

コピーライター　秋山晶

才能と遺伝

才能は、遺伝的な要素が影響していることは事実だ。例えば、ブランド牛の血統などが該当する。毛並み、肉質、味の良さは、確率論で親の遺伝子に左右される。人間も運動神経の良さ、容姿は、意志を介さず親のスペックが素質を決める。競走馬の育成において、パートナーの馬を厳選する理由は、「足が速い」という才能を子孫に付与させるためだ。

しかし、社会で成功した実業家やアスリートなど、才能のある人が、勝因を「遺伝的な才能」だと片づける人は僅かだろう。例えば〝神の手〟と称される名医は、血肉に塗られた両手で、修業を積み重ねてきたから、スキルを獲得する。遺伝的な才能だけで、オペが上手になるわけではない。プロ棋士である羽生善治さんも著書の中で「毎日、1日8時間を将棋の勉強に充てる生活を何十年と続けられるかどうかが肝である」と話されていた。将来のプロ棋士を目指す子どもが、活躍できるか否かは、「努力をし続ける」という才能に委ねられているかもしれない。

才能は、gift（贈りもの）の側面を見られがちで、運命的な性質が強いと考える人も多い。「誰もが授かるものではない」と嘆くかもしれない。しかし、絶対音感でも、たとえ優れた遺伝子群があったとしても、ソルフェージュやピアノを習うなどの訓練と教育がなければ身につかない。環境と複合されて開花する才能もあるのだ。つまり、「継続する」という努力や行動も立派な才能だと考えたとき、これは誰もが手に入れることができる。

地味で、目立ちにくい才能。誰しもが気づかないうちに、手にしている可能性がある。

「明日からやろう」と40回言うと、
夏休みは終わります。

（増進会出版社）

コピーライター　加藤大志郎

Buehler, Griffin, & Mac Donaldの実験（1997年）では、学生の課題に対するモチベーションが〝課題進行時間の予測〟に影響を及ぼすことが示された。実験内容は次の通りだ。

『学生には課題Aを解いてもらう。同様の課題を再度解いてもらうとき「1回目の課題よりも早い時間で解くことができた場合、報酬を与える」と説明し、学生には2回目の課題にかかる時間を予測させた。すると、参加者は「1回目でかかった時間よりも早く解ける」と楽観的に予測する学生が多かった』

人は未来を予測するときにポジティブな情報を評価しやすい。これがLiberman & Tropeの解釈レベル理論（2008年）から説明することができる。また、対象との心理的距離が遠くて抽象的な解釈をするときほど、意図やモチベーションといった抽象的な情報を優先的に捉える傾向がある。だから、学生の成績評価の予測は、学期始めのほうが試験当日よりも楽観的である報告がある。

どうりで夏休みの宿題を大慌てでやるわけである。人は未来を楽観視して、能力を過信しやすいようだ。私も最近まで「今日は、これを全部やろう」と朝に決めた課題が7割程度しか達成できないことに気づき、自分の処理能力を高く見積ることを止めた。優先順位をつけて仕事に着手すれば〝完了〟で終われる。他人に依頼しないと進まないものを優先して、できるだけ先延ばしをしない。これは、ダイエットと似ている。「ダイエットは明日からやろう」と自らに言い聞かせて糖と脂肪を蓄えれば、来るはずのモテ期がいつの間にか終わっている可能性が大である。

芸能人は歯が命

（サンギ）

コピーライター　佐藤由紀夫

歯が命

「歯が命」とは、歯の白さだけでなく、歯並びも含んだ、包括的な美しさへの表現であると解釈している。

母は、昔から歯並びに対して口うるさくて、小学生から歯の矯正をさせられた。長期にわたり痛い思いをしたが、今ではその美学に感謝している。

歯は、いくらピカピカに白くても、歯並びの良し悪しで、他人に与える印象がガラリと変わるものだ。歯は顔の一部であり、息よりも先に顔である。

だから、歯はビジネスパーソンにとっても重要だろう。人前に出ていく経営者、テレビに出演するアナウンサーや役者も、歯並びが美しい人が大半を占めている。歯抜けの社長は、あまりメディアでは見かけない。成功している社長ならば、セラミックやインプラントなど高額治療も厭わずに歯をメンテナンスしているからだろう。

だから、これから美容整形する予定と予算があり、もし遺伝のせいで乱交歯だとしたら、歯の矯正の優先順位を上げることをお勧めする。

コロナ禍でマスクを常用しているけれど、食事するときは歯が見えてしまう。笑顔を見せずして、相手を射止めることは難しい。鼻の高さより、目の大きさより、幻滅されるリスクが高いのは、歯である。

私が高校生のとき。『青のり』という曲が、カラオケ合コンでは定番だった。好きな人の前歯に青のりが付いていると幻滅するくらいだから、歯並びが気になるのは当然と言えば当然である。

それゆけ私

（サントリー）

コピーライター　安藤　隆

『LEON』で測れる

人生の自己満足度を雑誌『ＬＥＯＮ』（主婦と生活社）で測ってきた。20代前半、歯科医院で『ＬＥＯＮ』を読んだとき、手が出せそうにない価格の洋服や時計、ラグジュアリーな空間や遊び方が紹介されており、別世界に感じた。高級ブランドに憧れはない。ただ、読んでいる最中の劣等感みたいな感情が悔しかった。〝純粋な読者対象〟になれるように、仕事を頑張ろうと心に誓った思い出がある。

しかし、当時の歯科医と同世代となり、『ＬＥＯＮ』の表紙を捲《めく》っても相も変わらず、別世界に感じた。むしろ、若いときのほうが自分の可能性を楽観しているから、雑誌の世界との距離が近かった気がする。

男として、どう生きていくのか。

これは、永遠に葛藤するテーマではないか。かつて、ファイナンシャルプランナーが「家賃は月収の１／３以内が理想」と助言していた。しかし、私の知人は月収の半分を占める家賃のタワーマンションに住む。理由を聞くと「逃げ腰と退路を断つため」だそう。理想の環境を先に創り、自らに負荷をかけて、セルフイメージを現実に追いつかせるという手段。これは、心理学の〝アファーメーション〟の応用である。住居エリアや高級スーツが、脳に「私は既にこの領域にいる」と自己暗示となり、自己肯定感やセルフイメージの最適化をしている。上手な背伸びの使い方だ。

『ＬＥＯＮ』で紹介された暮らしを渇望するか、別世界だと失望するか。ぜんぶ、生き方の選択である。劣等感が消えないからこそ、それゆけ、私。

好きなモノ＆コト

第一印象と直感。どっちが恋に近いんだろう。

（東日本旅客鉄道）

コピーライター　山口広輝

目利き

「食器との出逢いは一期一会」。

これは、浅草かっぱ橋にある骨董屋の店主の台詞だ。

2019年冬、私はウェブ連載のため福岡県の八女茶を撮影すべく、茶器を探していた。手頃な茶器を選びレジに持参したとき、支払い直前で慌てて会計を止めた。レジの奥に佇む茶器を見て、一瞬で心を奪われたからだ。それが村田益規《むらたよしき》氏の横手丸型急須。愛知県常滑市は「常滑焼」が盛んな地で、村田氏は藻のもつ塩分を陶器に反応させる〝藻掛け〟を駆使しており、流麗でモダンな模様を常滑焼に馳せている。あまりの美しさに、真珠母雲に遭遇したかのような感動があった。

茶器を買うのが初めてで、相場を知らなかった私は、値札を見て目を疑った。店外にいったん出て、スマホで茶器を検索した。市場価格と微塵の差がなかった。無知な自分を恥じつつも、第一印象で完全に恋に落ちた。その茶器を購入した。

漫画『HUNTER×HUNTER』（著・冨樫義博）の1シーンを店からの帰宅中に思い出した。主人公のゴンは、値札競売市の路上で売られていた、鍛冶職人の1点もののナイフからオーラを感じとり、購入する。私はゴンのようにオーラの色が目視できたわけではないが、急須が放つオーラにきっと魅かれたのだと感じた。職人や芸術家の作品には、魂や物語が宿っている気がする。

骨董屋が茶碗や絵画の価値を見抜けるのは、〝優れたモノ〟と〝そうでないモノ〟の両方を、長年見てきて直観力を磨いているからだ。自分の感性を研ぎ澄ましつつ、モノ、コトを選んでいけば、きっとこの先も後悔しないだろう。

欲しい?

（サントリー）

コピーライター　笠原千昌

欲しいモノやコトに対して、貪欲に手に入れる手段を考えている。

お金の話は下世話に思う人がいるが、裕福な人への嫉妬心の裏返しではないか。そろそろ、お金に執着する人が世に多い事実に免疫がついた頃だ。事実、YouTube市場を覗けば一目瞭然だ。稼ぐ手段にYouTubeを選ぶ人口が急速に増えて、〝戦国時代〟に突入した。これは、大勢の国民が、「経済的に潤いたい」と、夢をもっている証拠だろう。みんな、お金が好きなのだ。

外資系企業も契約の際、年俸を明確に提言する。「いくらもらえますか？」と尋ねずに「●●万円下さい」と交渉する。自分の大切な時間を提供するので、欲求を伝えるのは、ごく自然なことだ。

私は、心から願えば、欲しいものにたどり着けると信じている。それは、欲しいものに近づく手段を常に考えている状態であるからだ。だから、貪欲な自分の身の振り方は、欲しい何かのために、賢さで補うこともできるはずだ。

ただし、探しものによって、見つかるまでの時間には差がある。だから、気長にアンテナを張りながら、欲しいものを探す必要がある。すると、次第に探しものに近づきそうな気配のあるモノや人を判断できる嗅覚が身につくから、人に騙されなくなる。

白馬の王子様は、待っていても一生やってこない。シンデレラは、舞踏会に足を運んだから、素敵な王子様と出会うことができた。彼女の願いが魔法使いの心を動かし、かぼちゃの馬車をリースするチャンスを掴み、ガラスの靴を爪痕のように会場に残すことができた。欲しいものを、本気で探しているだろうか？ 本気で欲しがる人にだけ、チャンスが訪れると思う。

英語の打ち合わせは、
通訳すると普通の打ち合わせです。

（シーシーコンサルティング）
コピーライター　田村友洋

「変わっていますね」の発言には免疫がついた。そもそも「変わっている」の反意語が「普通」だとしたら、普通とは何か？ 共通意識を持ち合いたい人の幻想でつくられた言葉が「普通」である。〝普通な人〟と〝変わっている人〟の明確な差など、具体的には解説できないだろう。

例えば、クラスで他の生徒と同じ空間で同等の教育を受ける学生A君がいるとする。このA君が、実は家庭内暴力に悩んでおり社会的孤立を抱えていた場合、周りの人は気がつかないこともある。なぜなら、A君は学校という限定された空間で、できる限り「普通」に振る舞っているからだ。

抱える悩みや弱みを見せまいと必死に努力している姿には盲目で、当人が生きづらさを感じている可能性なんて、他人からは皆目見当がつかないことがある。つまり、普通とは結局のところ、己の枠内で価値判断をした基準ではないか。

だから他人と「普通」を合わせる必要はないと思う。ただし、普通であることが有利な点もある。「誤解を受けなくて済む」という点だ。

例えば、私は昔からビールが苦手だ。そのため、新卒間もない頃、会社の先輩から誘われた食事で「とりあえずビール」の乾杯ができず、1杯目からワインを注文しようとワインリストを眺めていた。すると、「生意気。空気が読めない奴だ」と呟いておられた。面倒に思った私は、〝ノンアルコール〟の飲み物を注文しようとしたら、それはそれで、冷ややかな視線を送られた。

他人の「普通」に合わせるのは、難しい。

叫びも知性があれば、主張になる

（朝日新聞社）

コピーライター　外崎郁美

ワガママ

新しいモノや新しい企画を実現させたいと考えたとき、誰かのワガママが存在すると思う。ただ、そのワガママを容認してもらえるように、他者の〝心の部屋〟を同時に予約することが大切だ。

自治体や企業の社内会議で、プレゼンテーションをする際に、意思表示をする前に置かれた環境を客観的に見定める必要がある。例えば、私は、今の自分のキャラクターを理解してもらうために、数年もの時間を要した。「お前は、一度会っても良さがわからない。損しているな」と料理人に言われたことがあった。理にかなったワガママは〝個性〟だが、出し入れが難しい。「変わり者」のレッテルを貼られてしまうと、仕事に支障が出ることを20代前半で痛感していた。だから、ワガママを遠慮なく言える立場になれるように仕事の実績を積み上げようと考えた。

ワガママが有効なときとは、「聞いてくれる人が、〝聞く耳〟と〝聞く準備〟ができているとき」と考えたからだ。

一目置かれる人とは、言葉通りで、誰かが一目をその人に置いている。視点を変えると、〝一目〟という2文字をその人の〝心の空きスペース〟に置かせてもらえている状態だ。関心のない人のワガママは、ノイズに感じるが、尊敬する人のワガママは、希望に見える。

複数の人たちと一緒に大きな働きかけをする場合、関わる人たちからの信頼と支持がなければ叫んでも耳を塞がれてしまう。想いがあっても声が届かないし、物事が進まない。

まず、相手の心の扉を開き、気分よくワガママを招いてもらってから主張する。その状態をつくることに日々、頭を使おう。

あとは、じぶんで考えてよ。

（宝島社）

コピーライター　三井明子

成績よりも欲しかったもの

卒業論文「他者の摂食行動が他者に与える影響」は社会心理学がテーマだが、実験調査を選んだ。なぜなら、実験調査のほうが、卒論を書きあげる時間が圧倒的に早いからだ。

定量調査をする場合、最低でも200~300名に対してアンケート（質問紙）を配布する必要があった。母集団から全体を推定するため、サンプルサイズ（n）が小さいと信憑性が落ちるためだ。質問紙を集計して、解析ソフトを使ってバイアスを除き、誤差を除去することで、有意性を確かめる作業が一般的だ。

私は、〝大学生活〟という貴重な有限の時間が、卒論で終わるのが惜しかった。就職内定に直接影響しない卒論の評価にあまり関心がなく、「残りの学生生活をどのように過ごして社会人を迎えようか？」を真剣に考えていた。結果、世界中を旅することに決め、卒論は10日で書き上げた。案の定、成績は「優」ではなく「良」。ただ、このときの時間の使い方は、「優」だと思っている。

結果的には、10か月で14か国を旅することができた。私の場合、就職や転職をする際に成績表の提出を求められたことは、1度もなかった。学業はもちろん大切だが、「優」を取得することよりも、優先することがあってもよい。

「学業を疎かにしてもよい」と言っているのではない。優秀な成績を収めることの意味を自分で考えること。そして、やるべきことの優先順位をつけて、判断する力をつけること。研究の他にも大学に入った意味は十分にあっただろう。〝自分で考えること〟を学べたからだ。

右のポケットに夢、左のポケットに辞表。

（大塚ベバレジ）

コピーライター　田口まこ

今の仕事があるから夢をみれる

芸術や芸能の道へ進む人は、経済的に恵まれた状態の人が多いと思う。例えば幼少期、明日の食事を心配して路頭に迷いそうなほど貧乏な家庭で育った人は、現実的な職業を求めると思う。例えば、アフリカなどの発展途上国で、子どもの夢を聞くと、医者やエンジニア、プログラマーなどの職業を挙げる。「親に楽をさせたい」とか「困っている人を助けたい」という現実的な理由が先行して、目の前の状況を解決できる職種に憧れることは、自然であると思う。裕福で、文化資本がある状態で初めて、芸術に対する関心が芽生えるのではないか。

30歳になって、芸術や歌の世界に惹かれて、新しいことを始めようと思えたとき、今の状況を俯瞰することができた。職業として自分を支えているものは「好き」ではなくて「好きなことができる自由」が真実だ。「自分の好きなことに挑戦ができる生活」を送るために必要な時間、環境、経済力の三つは、「好き」とは言えない仕事をして得た報酬によって支えられている。経済的な余裕と地盤があるからこそ、次の道を妄想することができる心性になっていると思った。

傍から見れば華やかそうな仕事も、きっと見えないところで泥臭いことを繰り返していると想像ができる。だから、好きなことをして生きていきたいと思ったとき、その生活は、今の仕事をやりながらできないかを考えてみるのはどうだろう。現在の仕事にすがることも、夢を諦めないための一つの手段である。

なんだ、
ぜんぶ人間のせいじゃないか。

（毎日新聞）

コピーライター　仲畑貴志

あるテレビ番組を見て、心がキュッと絞めつけられた。

動物たちが、生きることに素直で、「欲しい」という感情に真っすぐだったからだ。

リスが、何度も落ちながら試行錯誤して糸を渡り、たった1粒のピーナッツを取りに行く姿には感動した。目の前に置かれた食べ物を獲得するためだけに、リスは一生懸命な様子だった。

ヒトと違って他の動物は、老後や将来を悩むこともなければ、理想と現実との落差に砂を噛むこともない。ペットでも、野生でも、置かれた状況を受け入れて、純粋に全力で毎日を生きているように思えた。

賢い犬のVTRにも笑った。おやつを「待て」と言われたまま、違う所に移動した飼い主さんを尻目に、我慢できず出されたおやつを食べて、自らで引き出しから新しいおやつをテーブルの上に置いたのだ。しかも「ちゃんと待っていました」みたいな表情を見せて、演技までするので驚いた。結局その犬は、事情を知らない飼い主から、おやつを2個ゲットしていた。おやつが欲しくて、先に食べてしまう。けれど、カモフラージュをする点が賢くて、余計に可愛い。

動物の動画に人気があるのは、おそらく「愛くるしい表情や動作に癒されるから」だけが理由ではないだろう。今を生きて、欲しいものに対して、素直に動いているからだ。そのシンプルさゆえ、多くの人たちの心を動かすのではないか。

因果関係を多方面から見据えて、緻密な予測ができる人間は、他の動物よりも賢い。だからこそ、純粋に生きることを忘れてしまうのかもしれない。

好きなことで、生きていく

（Google）

コピーライター　田中直基・矢部千尋

自己満足

「君の仕事はマスターベーションだ」。ある企業の社長は、私に向かって冷笑を浮かべていた。その社長曰く、「稼ぎが少ない仕事は所詮、自己満足でしかない」らしい。

仕事はお金を稼ぐための手段で、趣味ではないから一理ある。しかし、仕事を誰とするかに価値を置く人や、動機付けが物理的報酬だけではない人もいる。それぞれの価値基準で仕事を選んでいるわけだから、最終的に仕事とは、自己満足なのではないか。自分のしていることが、「悪いこと」「ダサいこと」と、心のどこかで自責の念があるから、後ろめたさが残るのではないか。

仕事は、不特定多数の人から慰められたくて続けるわけではない。田舎で働く数名の農家だけに感謝されるような、メディアで報道されることのない地味な仕事。それは小さな仕事かもしれないけれど、継続して500件以上にもなると「自信」という財産になっていた。その財産は、お金に換金できないが、これも自己満足だろうか。

体脂肪率7％未満をキープするために、週4回はプールで泳ぐ。プロダンサーに振付してもらったダンスを覚えてTiktokでダンス動画を配信する。まさしく、これも自己満足だ。

「最終的に何を目指しているの？」と聞かれることもある。ゴルフや釣りに没頭する人には、そんな質問はしないのに不思議だ。目指すものなんて最初からなくて、好きでやっている。他人からすれば、理解しづらく回り道と感じて、バカらしく見えるのかもしれない。

でも、人生における道の選択とは、自己満足の連続なのだ。

努力も憧れも、自分自身のためでありますように

（ワコール（ウンナナクール））

コピーライター　川上未映子

初めて買った小説は『ストロベリー・オンザ・ショートケーキ』（著・野島伸司）だった。購入した当時は、中学2年生。テレビドラマの企画・編成の知識がないため、ドラマが原作で、小説が後に出版されたものだと勘違いをしていた。だから、本の中でドラマと違う台詞が書かれた箇所は、鉛筆で修正していた。好きになる演者もドラマさながらにシフトしていき、深田恭子さん、内山理名さんが好きになって、最終的に「石田ゆり子さんみたいな教師がいたら恋をしてみたい」と、憧れた。

ドラマで窪塚洋介さんが演じる佐伯哲也が、音楽室でピアノを弾いている姿が、とてつもなく格好良かった。だから、弾いている曲名をネットで調べて、楽譜を本屋で取り寄せた。実家にはピアノがあったので、練習しようと楽譜の封を空けた。見開いた途端、絶句した。あまりにも複雑な譜面で読めなかった。ドラマの中では「猫踏んじゃった」くらいに簡単に弾かれていたのに……迂闊《うかつ》だった。

しかし、中学生ならば、学校で音楽の先生に質問するチャンスはあったはずだ。でも、私は簡単に諦めてしまった。私は、この行動を人生の3番目くらいに後悔している。もしもピアノが弾けるようになっていたら、人生の楽しさは増えていたに違いない。30歳を過ぎて、楽譜やコードも読めないのに音楽を作りたくなった。音楽制作の裏側を覗くテレビ番組を見たからだ。20年前と動機づけが、たいして変わっていない。でも、次は諦めずに挑戦してみたい。楽譜が読めなくともDTMで作曲ができる。今は、憧れに近づくために、努力をしやすい環境が整っている。

目の付けどころが　シャープでしょ。

（シャープ）

コピーライター　仲畑貴志

他人の評価は、後出しジャンケンに近いと思う。

「仕事で結果を出す人の力とは、一体何か？」と聞かれたら、「何でもよい」が正解だと思っている。努力、運、人脈、人格（キャラクター）、親の財力…。最後は、結果が評価の対象になる。

田中みな実さんは、アナウンサー時代は計算高い性格として、「女性が苦手なアナウンサーランキング」で上位だった。

しかし、今となっては「あざと可愛い」女性のアイコニックとして、20～30代女性を中心に人気を博し、女性ファンから〝美のカリスマ〟として神のように崇められている。このように、他人の評価は、ジェットコースターのように浮沈が激しいものだ。

つまり、方法や手段はどうあれ、社会の大多数が認め始めると、後からその人の能力を分析する人が現れるのである。だから、他人の評価は意に介さずに、心正しいと思った道を歩めばよい。

田中みな実さん、フワちゃん、YOASOBIさんなど、才能がある方には共通点がある。

まさしく、目のつけどころが違う。自身が身を置く市場と業界を冷静に分析し、ライバルのいない場所を探した。そして、自分しか提供できない価値を見出して、ターゲット（芸能人なら視聴者）に届ける能力が優れていると思った。

そのために、ライバルになりそうな人の動向には目を配る努力もしているはずだ。この着眼点とポジショニングする力が、凡人と天才との大きな差になっていると感じる。

旅と恋

ギャップ萌え
恋とＡＩ
脳のメモリー
3●
デジタル時代の結婚
ニューヨークの老貴婦人
海外での外食
優しくされる旅
機内スピーチ
美人と予備校

いつかＡＩが上司になったりするのかな。

（サントリー）

コピーライター　照井晶博

ギャップ萌え

私が中高校生の頃は「出逢い系サイト」と聞くと、サクラが多くて、金銭トラブルに巻き込まれる事例がニュースになるなど、ネガティブな印象があった。しかし、SNSネイティブ世代には出会い系サイトは「マッチングアプリ」へと昇華し、アプリを介した出逢いに抵抗がなくなっているようだ。

2000年代と比べて大きく変わった点は、AIの技術革新だろう。現在、数社のマッチングサービスには、AIが恋愛を指南する機能まである。例えば、口下手で異性をどのように誘ってよいか悩ましい人には、AIが適切な会話を示唆してくれる。もし、対する相手もAIで言葉を選んでいたとしたら、これは、もはやAI同士の恋愛と言っても過言ではない。人間という媒体を通して、AIがコミュニケーションを支配しているからだ。そのうちAIが意思をもち、恋愛や人間の行動をコントロールするようになれば、手塚治虫先生が着想しそうなSF漫画のような世界が現実味を帯びてくるのかもしれない。

これらのアプリの利用者たちは、いざ対面でデートをする機会があった際、コミュニケーションでズレは生じないのだろうか。

トークスキルはAIの先生が傍にいたときのものであり、幻想に近い。まるでシンデレラのカボチャの馬車のように、魔法が解ければ、本来の武骨な姿は浮き彫りとなる。でも、意外とそのギャップもまた萌える要素なのかもしれない。それが、新鮮な楽しみにもなるのだろうか。

ねぇ、手とかつないでみる？

（ジェイアール東日本企画）

コピーライター　星大　岡康道

恋愛アプリにＡＩ機能が付帯された。将来的にＡＩ技術が発達して、体に装着または一部として埋め込まれるようになると予測できる。過保護な親御さんが、我が子に生まれてすぐにＡＩをお守りとして持たせる。成長し、他者との折衝トラブルや失恋で深く傷つくことをＡＩが未然に回避してくれる…。これは、有り得ない話ではない。

ただ、そうなると致命傷なのが、コミュニケーション力や判断力の低下だろう。例えば、レディーファーストの気遣いや異性への思いやりだ。これは、女心を理解しようとする努力と失敗の反復で身につくものだ。私はいまだに「あ、言わなければよかった」と反省するし、正解がわからなくなるときがある。とっさの一言や判断が命取りになる。好きな人が好意を抱くニュアンスを、ＡＩに毎回指示されない限り気がつかないのは、少し哀しい。

気になる異性とのコミュニケーションが、携帯メールが主だった時代のハナシ。1回で送信するメール本文のボリュームが多いと、返信が途端に遅くなって肝を冷やしたし、その度に学習した。絵文字のつけ方やバランスなど、メッセージを受け取った相手の心理を考慮し、本文は何度も見直してから送った（ＬＩＮＥのように送信取消ができないため）。

誰かに聞くこともなかったし、誰も教えてくれなかったから自分で考えるしかなかった。失敗するから成長があり、恋愛偏差値も少しずつ上がる。今、目の前にいる好きな人と、もう一歩だけ距離を縮めたくなったとき、その想いを翻訳するのはＡＩでなく、自分の頭ではないか。

モノより思い出。

（日産自動車）

コピーライター　小西利行

わざわざ家賃を払って部屋を借りてまで、昔のアルバムや思い出の品を残そうとした父に私は反発していた。

旅の感懐など、脳内メモリーで残せば十分ではないか。回想して記憶を辿れば、いつでもアクセスができる。感動的な情景、会話、感情。脳にスタンプのように刻印されている。思い出せなくなった思い出は、結局それまでの印象だったと諦めもつく。また、昔の動画や写真も復元する以上は、すべて2次元である。どんなに優秀な機械でも、フィルターを通して映し出された虚構が、生の体感を超えることはできない。

大学の卒業旅行として、ヨーロッパを1人で周遊した。ざっくり旅ルートを決めて、翌日の宿泊先はユースホステルのPCを使ってブッキングする自由旅だ。

この旅では、写真をたくさん撮影もしたが、同時にできる限り目に焼き付けることも意識して過ごした。美しい花火を写真で撮影するために、カメラ越しにファインダーを覗いてばかりではもったいない。刹那に夜空に咲かせる美しさは、肉眼を通じて脳裏に収めたい。

もちろん、写真や映像を通じて、感動を人に伝えることが仕事の人もいる。その人たちは一瞬の輝きを捉えることが商売なので、全集中してカメラに向き合うことは自然な行為である。活きた思い出は、自分の中にある。脳内メモリーはいったん消費されるが、都合よく自動的に消去してくれる便利な特徴があるのも人間の脳だ。

スマホやカメラを手放して、五感のセンサーを研ぎ澄ますことは、旅の醍醐味の一つである。

生きていれば、好きなタイプも変わっていきます。

（味の素）

コピーライター　渋谷三紀

〝女性が理想とする男性像〟は、目まぐるしく変わるようだ。しかし、根本的な欲求は本質として変化がない。

１９９０年代、３Ｋ（高身長・高学歴・高収入）だった理想の男性像は、３Ｇ（ジェントル・ギャップ・強引）を経て、３Ｃ（快適・通じ合える・協力的）になった。そして２０２０年代になり、女性が結婚相手に求めるのは「新３Ｋ」（価値観が合う、金銭感覚が合う、雇用形態が安定している）らしい。

コロコロと変わる嗜好は、景気に比例するのだろうか。レインボーブリッジや東京タワーを眺められる高級タワーマンションに住んで、虚栄心を愛撫するような生活を送る男性を求めていても、不況になれば、西麻布のクラブのＶＩＰルームで豪遊する未来よりも、平安を求めるようになるのだろうか。否。華やかな生活を求める女性は、自分自身でその世界を築き上げるか、それらを提供してくれる男性の元へ集まる。つまり「総じて女子が●●の傾向になった」という都合のよい解釈は、そのまま信じれば痛い目に合う。新３Ｋは「Ｋ」の役割こそ変われども、旧３Ｋが有利なことに変わりがない。普遍的な事実から目を背けると、失敗するだろう。ただ、望みがないわけではない。高身長は成長期を過ぎれば叶わないけれど、学歴やキャリアは、社会人になってからＭＢＡを取得するなどして、コンプレックスの解消は可能だ。ましてや高収入は、本人の努力次第で、学歴問わずして獲得できる要素でもある。

不特定多数に聞いた好きなタイプと異なる自分を思い煩うよりも、自分が好きな自分でいよう。

恋を何年、休んでますか。

（伊勢丹）

コピーライター　眞木　準

皆さんは「恋に落ちる36の質問」をご存じだろうか？　１９９７年に心理学者のアーサー・アローン氏が提唱し、生徒同士がより親密になるためにつくったプログラムだ。「36個の質問に交互に答えた後に、４分間見つめ合うと相手と恋に落ちる傾向が強くなる」という。このエッセンスを30分に凝縮して、ＡＩと運営スタッフの目利きで恋人同士のマッチングをするサービスができて話題になった。橋渡し役となる仲人的な存在が、人でなくＡＩである。

リクルートブライダル総研の「婚活実態調査２０１９」によると、婚活アプリなどでパートナーを探す人は年々増加している。独身者の４人に１人が婚活サービスを利用しており、婚姻者の８人に１人が同サービスを通じて結婚している（２０２０年９月９日、日経ＭＪ）。大多数の人が、スマートフォンという「ペースメーカー」を装備している時代だからこそ、新しい恋愛の形が生まれた。

恋愛マッチングアプリを使うユーザーは、不特定多数の人と膨大な量のメッセージをやり取りする。だから「恋愛というより就活の気分」だと愚痴をこぼす人もいる。婚活アプリでは、写真や年齢で予備選抜されるようで、まるでオーディション面接である。

ＡＩの活用で、お目当てのパートナーに最短ルートで出逢う人もいれば、偶然の出逢いから物語を始めたい人もいる。恋の始め方は十人十色だ。歳を重ねたからだろうか。高鳴るはずの胸に、いつしか埃が被っていることに気がついて、このコピーを見返す自分がいた。

おちこんだりもしたけれど、私はげんきです。

（スタジオジブリ〈魔女の宅急便〉）

コピーライター　糸井重里

ニューヨークの老貴婦人

数年前に叔母とニューヨーク旅行をした。私は1人で、ある眼鏡屋のショーケース前でサングラスを見ていた。すると、「あなたも、このサングラスが気に入った？　一緒に店内に入ってみましょうよ」と老貴婦人が突然話しかけてきた。店員によると、サングラスは480ドル。価格を聞いて、私たちは目を合わせ、彼女は「歯医者のアポがあるから、また来るわ」と言って、2人で店を出た。

「あなたの言いたいこと、目を見てわかったわ」と、あうんの呼吸を一緒に笑った。

彼女は会話をはじめて3分で、私のことをファーストネームで呼んでくれて、終始フレンドリーだった。アメリカ人のこのようなノリが素敵だ。また、彼女は「家に来てハーブティーでも飲まない？」と誘ってくれた。ご縁が嬉しかったので、お邪魔した。超高級な住宅街のマンションの1室で、彼女は独りで暮らしていた。差し出してくれた紅茶は美味しかった。その後、叔母と待ち合わせをしていたグランド・セントラル駅まで私を案内してくれた。別れる際には2人で記念撮影。連絡先も交換して、帰国後にお礼のメールをした。こうした出会いは旅の思い出である。

「いつか、仕事が落ち着いたら息子の保有している別荘に来なさいよ」という社交辞令も大変嬉しかった。まだ、その約束は果たせていないけど、私の中では、あの約束も人生の一つの目標にしている。その後、お元気でしょうか。

聴いてごらん。見えてくるから。

（パイオニア）

コピーライター　西村佳也

海外で旅するときの自分流のルールがある。

それは、「食事するレストランを日本で事前に決めないこと」だ。

出発前にガイドブックで観光スポットや郷土料理の下調べはするが、飲食店の情報は参考にしない。地元の人が、普段から足を運ぶレストランが、最もコスパが良くて、美味しい店であると思うからだ。

旅先では魅力的なグルメの数々に目移りしてしまう。しかし、胃袋のキャパには限界があるし、旅は長い。だから毎日の3食の選択は、私にとっては非常に重要な任務だった。ハズレを引けばブルーな気分になる。そのため「誰にどう尋ねるか」が肝だ。例えば、ローマで素敵な老夫婦にお薦めのレストランを聞いたときのこと。地図を片手に紹介された店に足を運んでみると、大学生の旅の予算とはかけ離れた〝高級リストランテ〟で、店前のメニューと自分の姿恰好から判断し、扉を開かずに諦めた。やみくもに「あなたがよく訪れるレストランを教えて」では失敗すると思った。「安い×美味しい」の相場が、人によって変わるからだ。予算×地域性を感じられる料理×お薦めの3方向から尋ねて、イタリア語でメモに書いてもらうことにした。そのメモを見せながらレストランへの道案内をしてもらうのだけど、イタリア人も「あぁ、●●ね」と知っていたら「地元の人に愛されている店なのかな」と安心できた。店を知らない人が続くと不安で、逆に道案内してくれた人にもお薦めの店を聞いていていた。

外見だけで普段の食生活を汲み取る目利き力。1人旅は、人を観察する能力を養う絶好の機会でもある。

この惑星には、愛されるという勝ち方もある。

（サントリー）

コピーライター　福里真一・照井晶博

異国の地に旅をすると、見知らぬ人に助けられる回数が多くて、感謝の念がいつもより増える。まだスマホが普及していない頃、旅先で情報を入手する手段は、自分の耳と口に委ねられていた。私は〝超〟のつく方向音痴で、街中で出会う見知らぬ人に、ひたすら道を尋ねていたと思う。

現地の人たちは、本当に旅行者の私に優しかった。イタリアで、降りるバス停がわからずに車内で老婦人に尋ねたときのこと。ご自身では答えが曖昧だからと、他の乗客にも大きな声で聞いてくれて、集団で助けてくれた。「私も降りるから、ついて来なさい」と道案内して頂くことも日常茶飯事だった。「自分で解決できないことは、周りの人も巻き込んで助ける」。旅から、この些細な勇気のもち方を学んだ気がした。だから、帰国後の日本で、外国人が困っていそうな顔をしていたら、必ず声をかけようと誓った。

海外では出逢う人に恵まれた。「この人なら教えてくれそうだ」と判断して尋ねていたのも事実であるが、逆に助けてもらいやすい環境をつくっていたことも事実だったと、後から悟った。相手の警戒心を解き、口角を上げて、笑顔で話しかける。受け取った優しさには精一杯の感謝を伝える。こんな当たり前のコミュニケーションを、日本では忘れて生きている可能性があると思った。日本では、見知らぬ部外者に意外と冷たい人もいる。

旅で人の温もりに触れるたび、愛情を感じることができ、人に甘えるコツを学んだ気がした。それは、ほんの些細な表情や、誠意を伝える素振りなどの、非言語コミュニケーションだと思う。

こころ残りの大半は、
言えなかった「ありがとう」だったりします。
ありがとうを贈ろう。

（平安閣グループ）

コピーライター　森 俊博

ＪＡＬの機内で転寝《うたたね》をしていると、拍手喝采の音色で目が覚めた。不思議に思い、ＣＡさんに尋ねた。「拍手で目が覚めたのですが、何かあったのですか？」。ＣＡさんは、「今日は40年間（たぶん）務めていた機長のラストフライトで、皆さんにスピーチをしていたのです」と仰っていた。

ため息が漏れた。これは、大変惜しいことをした。聞きそびれた人のために、「ＪＡＬ名人会」の落語チャンネルに搭乗者限定で、ストリーミング配信などできないものだろうか。機長の生き様が見える語りは、オペラ鑑賞ほどの価値があるだろう。

私は、スピーチを聴いた乗客が、拍手をしていた事実に胸が熱くなった。コロナ禍のストレス社会で、機内の〝密〟空間において、機長を思いやることができる日本人は、優しい。人は、美辞麗句を使わずに、赤裸々に語りかける言葉に弱いのかもしれない。人生で経験された内幕を述懐するかのように、一つひとつ自分の言葉で紡いでいった機長のスピーチを想像した。世界中で離着陸をしてきたパイロットによる生の「情熱大陸」ライブ。そして、その機長のスピーチに対して、乗客が応えた。拍手をする義務はない。でも両者の間に約束事があったかのように、コックピットまで届くと信じて、感謝を表現した人たちが大勢いた。空の上で、清々しい風情が垣間見えた。

あのときのパイロットに届きますように。長い間、お疲れ様でした。

そして、私からもどうもありがとう。

どんな予備校にも、勉強に集中できなくなるほどの美人が1人や2人必ずいる。

（増進会出版社）

コピーライター　福部明浩

宅建の資格取得のために、仕事の合間でTAC渋谷校に通ったときの話。授業前の小テストに遅刻したとき「もう、テスト終わっちゃいましたよ」と耳元で囁いた女性が凄艶《せいえん》の美人で、胸を射止められた。授業とは別に集中することができてしまった。「帰り際、なんて話かけよう?」

当時の私は、海外から輸入された菓子を販売する総代理店に勤めていた。そこで、手元にあったサンプルを数本差し出して、「国内新発売のお菓子と連絡先の交換は同時履行できますか?」と尋ねた。前回の授業で「物件の譲渡は代金と同時履行である」と習っていた。すると、彼女はクスっと微笑んで、携帯番号とLINEを教えてくれた。それから連絡を取り合い、一緒に勉強することになったが、この美女は謎だらけだった。父親が不動産業を営んでいること。3歳年上ということ。それ以外は、情報が引き出せない。「試験が終わったら食事でも」と誘ったとき、相手に彼氏がいることを初めて知った。そこで私は、また宅建の知識を活かして「彼氏の仮登記はできないですか?」と尋ねた。仮登記とは、〝名義の繰り上げ〟のこと。つまり、現在の彼氏と別れたときに、彼氏として名乗りをあげたいという、半ば告白だった。これは、やんわり断られた。

美人にはフラれたが、宅建の試験には合格した。当時、TACでは合格者が一同に集まる懇親パーティーを催していた。会場に彼女の姿はなかった。最後まで不思議な人だった。しかし、早めに諦めさせてくれた泡沫《うたかた》の片恋でなければ、合格は危なかったかもしれない。

教　養

考えつづける人にとって、
栄養は、味方になる。
満腹感は、敵になる。

（大塚製薬）

コピーライター　福部明浩

脳の生活習慣病

学習は、頭の栄養補給である。学びという〝食事〟は、いくら取り入れても飽満とはならない。飛行機や列車で手に取る機内誌やフリーペーパーの情報ですら〝美食〟に感じる。すると、いつでも楽しさを創ることができる。

脳は、空腹では機能しない。大人になってからの大学編入やMBA取得の理由は、精神的に〝空腹〟になったからとも考えられる。人は常に学びたい生き物であり、学ぶ手段をどこかで考えている動物だと思う。

ただし情報は、ときにカロリー過多となりがち。学べば学ぶほど、頭の中にある脳は、熱量を蓄えて肥えていく。「頭でっかち」という言葉は脳の生活習慣病みたいなもの。予防するためには、脳を適度に運動させて、〝満腹〟を解消することが大事なのではないか。

脳の運動とは、シンプルに頭を使うことに他ならない。事業計画、人事制度の策定、アイデアを空想することなど、脳の有酸素運動は、いつでもどこでもできる。

だからこそ、脳のストレッチも欠かせない。パフォーマンスを最大限にするための準備である。脳を休息させるための睡眠。これも学習スピードを向上するためには不可欠だ。

人は、睡眠中もカロリーを消費しているが、脳も睡眠中に怒涛のように押し寄せる信号を、情報として整理するために働いてくれている。光や音も脳にそのまま届くわけではない。物理情報は、すべてデジタル変換されている。

毎日が、学習の連続の私たち。脳に感謝しながら生きてゆこう。

私レベルの都会っ子になると
それじゃあダメなのよ。バーカ。
知識と教養がないと立派な大人にはなれないわ。

（日産自動車）

コピーライター　本角雄一郎・江口貴博

バランスシート（B／S）でいうと、知識は流動資産、教養は固定資産に該当する。

クライアントとの商談や合コンでの会話において、臨機応変に頭の中からパッと出すことのできる話題は、知識から引き出される。適切なタイミングで提供することで、一目を置かれる。財布の持ち合わせみたいなもので、より現金に近く、流動性が高い。読書をすればするほど、または、目的をもって人の話を聞けば聞くほど、知識は稼げるものだ。

一方で、教養はすぐに現金化がしづらい性質がある。常に取り出せないし、必要な時に利用できる段階ではない場合もある。無意識のうちに自分の生き方や行動に影響を及ぼしているものなのなので、他人からは見えず、その価値も見えづらい。しかし、私は新しい発想や着想というものは、紛れもなく教養から生まれると信じている。だから、内部留保しておくと便利だ。

「お金を使って経済を回さないと、お金は入ってこないよ」と自営業の知人から言われたことがある。知識も同じなのではないか。蓄積した知識は、再投資するように運用するとよさそうだ。つまり、知識を使える場所を見つけて、〝アウトプット〟することが大切。

知識を出し惜しみせずに使っているうちに、だんだん使い道もわかってくる。その慣れこそが、資産である。この資産があると、世の中の未来を予想して、自分の行動を変容することにも勇気が湧く。人が生き方について真剣に考える時、ヒントとなる力が、教養なのだと思う。

知識と教養を兼ね備えた大人になりたい。

あまり本読む時間がないのよね。
だから、いい本読みたい。

（新潮社）

コピーライター　仲畑貴志

読書の価値

「読書＝小説を読むこと」とは限らない。活字が苦手な人は、絵本も推薦図書の一つ。一般的に、想像力の高くない人も、空想することでその埋め合わせをしていると考えたとき、この空想する力に、うるおいを与えるのが絵本ではないだろうか。ノンフィクション作家の柳田哲男さんは「絵本は哲学と文学と並ぶ独自の表現ジャンル」と語っていた。絵を眺めて、簡単な言葉に触れる絵本も読書だ。

雑誌や論文で扱っているコラムや市場動向、統計データなどを読み解くことも読書だろう。数字から時代の流れを俯瞰すると腑に落ちるし、新しい着想も生まれる。統計を駆使して、その名を轟かせた人の代表といえば、クリミア戦争で負傷した兵士に献身的な介護をしたことで有名なフローレンス・ナイチンゲールだ。

彼女は、近代統計学の父と呼ばれたアドレフ・ケトレーに師事しており、天才統計学者としての顔をもつ。彼女は、戦争時に負傷した兵士たちの死亡理由のデータを膨大に集めて分析した。すると、怪我による死でなくて、傷が膿むことでの伝染病で死に至るケースがはるかに多いことを発見した。だから、彼女はシーツや包帯、水を新しいものに替えるといった衛生環境の整備をナースに指示して、現場の改善で疫学的に死亡者率を下げることに成功した。政府への援助を求めた時も統計データを基にプレゼンし、アメリカの統計協会の名誉会員にもなった。

この情報は、伝記以外の本を読むことで得たものだ。

素敵な本と出会えますように。

言えないことのほうが多いから、
人は書くのだと思う。

（パイロット）

コピーライター　後藤彰久

エッセイは、自分の人生を回顧し、割れたガラスのような断片的な記憶を辿って、切り貼りして創りあげていく。着地点を見定めて省察を綴るわけだが、これが予想以上に疲れる。執筆した日は疲れて深く寝入ってしまう。追憶の中で、浮かぶエピソードの時系列は順番通りでないので、タイムマシンで過去と現実を往来するようなイメージ。〝引越し作業〟のときの疲れ方に近い。普段は使わない筋肉を動かして筋肉痛になるような状態と似ている。各々のエピソードの拠点が複数に置かれているため、脳内でノマドワークしているとも言える。

小説と違って、エッセイは実体験に基づく。そのため、常に配慮することは、〝社会で誰かから必要とされている内容かどうか〟だ。無名作家の私の作品を、どうしたら読者の興味に刺さるか。見知らぬ他人が、インスタグラムへ投稿した料理写真に関心は薄いだろう。同様の心理を想定して、企画しなければならない。本は、読者からその価値を認められたものだけが、本屋にずっと並べてもらえる。だから私は、出版社に迷惑がかからないように、先に市場分析をする。読者の心理を顧慮し、題材を決め、仮説を立て、設計図を描く。

そして、心を落ち着かせ、物事を静観し、感情を抑え、所見を述べるようにしている。アツくなると、思弁が先行するからだ。

「書きたいものを自由に書いてます」と言える作家には、嫉妬してしまう。翻って私は、読者が受け入れてくれるかどうか、ビクビクしながら今日もペンを執る。

想像力と数百円

（新潮社）

コピーライター　糸井重里

ある物事の全体像を掴むために、本は有効な手段だろう。なぜなら、〝知りたい〟領域に専心した人がまとめた内容を読むことで、ぼんやりと概略が掴めるからだ。読んで理解が足らない箇所があれば、その時点で業界の専門家に直接尋ねると、早い。ただし、事前に下準備をしたうえで、質の高い質問をするほうが望ましいだろう。先方の貴重な時間をムダにしないためのマナーでもある。私もブロックチェーンの仕組みを理解するのに苦しみ、関連する事業を営む社長に話を聞きに行った経験があった。それでも難解なテーマはいくらでもある。

本によって、人脈が少なくとも、様々な分野の先人と間接的に知り合うことができる。知恵のある専門家が、〝リモート家庭教師〟をしてくれているようなもの。誰かの英知に触れながら、自分の理解が進むことを楽しめることも、読書の醍醐味だ。

読書は、目的達成のノウハウだけでなく、想像力を養うことができる。この想像力が、人生の模索において大事だと思う。できることならば、もっと読書に時間を充てたい。でも、私の現状の生活サイクルだと、無理なく1か月に読める本は、最大でも8冊だと判明した。この計算でいくと、人生で読める本の上限値が見えてくる。抽象的なアイデアが、新たな知識を得ることでパズルのピースのように〝ハマる〟読書を続けたい。

ちなみに、パズルの厚みは、〝2㎜〟が最もはめたときにフィット感を覚えて心地よいと人は感じるそうだ。

手紙を書くのにかかった時間は、
その人を想っている時間です。

（日本郵政グループ）

コピーライター　富田安則

執筆とは手紙だ

活字で情報を伝える仕事をする時に大切な視点は、〝読み手の心理を想像する力〟だと思う。例えば、助成金の申請書やプレゼン資料を作成する時、読む人の年齢やキャリアを考慮して文章をつくる。提案書は、日記ではない。伝える相手が明確なので、読み手が理解できる文脈が必要だ。他にも、デジタルマーケティングに精通していない人たち向けの文章ならば、「その分野の専門用語が頻出すれば困るだろう」と、想定して言葉を選ぶ。

読み手に年配の方が多いと想定される場合、最新のケーススタディは避け、わかりやすく周知されている事例を並べる。こうした工夫は、思いやりである。

「世界中の高級珍味を使った料理」と「カレーライス」が同じ価格で提供される時、たいていの人は、高い確率で後者を選ぶだろう。なぜなら、食べる側にとって、味が想像の範疇にあるからだ。人は想像ができないものにはお金を投資しづらい傾向がある。

つまり、文章を書くこととは、「読者の心理状況を鑑みる実践練習」でもある。

知人に広告収入だけで、月50万円を副業として稼ぐブロガーがいる。彼女は、あくまで大好きな洋服を買うためにブログを書いているそうだ。コンスタントに書き続けられるコツは、文章を書くことを〝仕事〟として捉えているからかもしれない。仕事であれば、読み手の気持ちを最優先にして、言葉を選ぶことが癖になる。

文章とは、人前に出す以上、手紙である。

読み手の気持ちを考えながら、想いを綴るものである。

いえなかった言葉たちは、どうしていますか。

（NTT（日本電信電話））

コピーライター　一倉宏

「ありがとう」の旬は逃さない

アメリカ留学中にお世話になったホストマザーからの手紙の返事を、書けないまま音信不通になった。これは、私の「心残りワースト3」に入る出来事だ。

留学中、私は〝家なき子〟になった。日本で斡旋業者経由のホストマザーと契約をしたが、粗悪な環境に耐えられず、解約を決意。しかし当時はSNSが普及しておらず、家探しのコミュニティーサイトを頼りに、拙い英語で授業後に家主と会って、物件を下見した。いっこうに新たな住居が決まらず解約日が到来して、とうとう異国の地で泊まる家を失った。クラスメイトの家に居候しながら、ホストマザー探しを再開させた。そんな不安な生活が1週間続いた中、他大学でキリスト教の方々が主催する定期的なパーティーで、Anitaさんと偶然に出会った。逝去された旦那様と過去に日本で教師をしており〝Mama-chan〟と呼ばれているパワフルな73歳。日本文化にも精通しており、優しい人だった。私は、ホストマザーになってもらえないか拝み倒した。2度目で「Yes」の返事をもらい、その後の留学の心の拠り所にもなった。ご自宅の留守番を5日間も頼まれた時は、信頼されていると嬉しかった。誕生日もお祝いをしてくれた。

でも帰国後、就職活動に忙殺されて余裕がなかった私は、忙しさを言い訳に、手紙の返事を書かなかった。手紙をもらって4年後、思い返して連絡先を確認したが、音信不通になってしまった。

心残りとは、取り戻せない時間のことだ。

後悔しないために、「ありがとう」の気持ちは、今すぐ、伝えよう。

その本を読んでから、
彼女は言葉を選ぶようになった。

（新潮社）

コピーライター　仲畑貴志

読書と感性

女優・芦田愛菜さんの口にする言葉が、年齢を感じさせず〝深い〟と評判だ。中国からもSNSでコメントが寄せられるほどである。ある番組で彼女は「様々な本の知識が、言葉に潜在的に影響しているかもしれない」と自己分析されていた。歴史や科学など、幅広い分野で読書されていて、読んだ本を紹介した著書『まなの本棚』を出版した。これが、9万部を超えるベストセラーとなっている。もはや、作家ですらある。

読むジャンルが広いから、他人への心理や心情へのアプローチが多角的だと感じる。おそらく、読書を通じて得られた知見が、女優業というアウトプットの場で、活かされているのではないだろうか。

本からインプットした知識に、自身の経験や環境という素材を組み合わせて、自分で新しくつくった理屈が「知恵」だ。その知恵は、色も形もなくて、本を読むことで常に刺激を与えられて、構造が変化していく。複数の人生を演じる、女優のようなものである。

本を読めば読むほど、さらに疑問が増え、知りたい欲求が生まれていく。感性が「知る」という行為によって磨かれるから、読書がまた楽しくなる。知的好奇心とは無限だ。他人から与えられたものでなく、自らで探しにいくから、余計に満足感が高まる。新しい発見までの道のりが、読者にとっては旅のようなものである。博識な芦田愛菜さんの選んだ、一つひとつの言葉や本が、また人の心を動かす。

文章を書いてみる。

（伊勢丹）

コピーライター　眞木　準

カフェの会計時、大学生ほどの店員さんが困惑した表情を浮かべていた。領収書の但し書きで「商談代」の〝談〟の漢字が思いつかない様子。文字を書く機会が激減しているからではないか。

「手で書く、紙で読む」習慣から離れ、指でスワイプすれば簡単に漢字に変換される便利さが、いざ筆やペンで字を書くときの想起を妨げているのではないだろうか。

文章を書くこと自体が、面倒な人もいる。LINEでのやりとりで「よろしく」を「よ」で済ませる。この論理だと「ご確認よろしくお願いします」は「ご確認よ」となる。急にオネエ言葉に聞こえて、読み手が受けとる印象はガラリと変わるだろう。『稼ぐ人の「超速」文章術』の著者、中野巧さんも、コミュニケーションにおいて、消費者にメリットを端的に伝えることを目的とした文章づくりを指南していたが、「要点をまとめること」と「文字の省略」は別物だ。

要点を整理するスキルは、読解力を含めた国語力に紐づくと思う。ただ、この国語力の低下の背景には、学校教育も要因の一つと考えられている。どうやら、読書感想文などの作文課題が減ったらしい。「選定図書に読みたい本がない」「感想文を教員が評価すべきではない」という議論が保護者と学校側にあるそうだ。

しかし、社会に出たら自分の興味のない文章も読み、書き、人にジャッジされることは多いので。よ。

知性の差が顔に出るらしいよ…困ったね。

（新潮社）

コピーライター　仲畑貴志

「謎解き」や「お役立ち情報」などのTV番組がブームである背景は、効率的に知識を吸収したい心理の裏づけであると思う。メディアの多様化が加速しており、膨大に溢れる情報の純度が低下した社会で、情報の真贋を見極める必要性が高まっている。そこで、頼りとなるものが「教養」であると、皆が気づき始めた。

ただ、本当の教養は、知識を得るだけでは身につくものではないだろう。「知る」だけでなく「気づく」ことが前提にある。そのために、哲学が重要だ。

哲学すること

哲学とは「新しい見方のできる概念をつくること」だと考える。サングラスや色眼鏡をかければ、普段の景色の色が変化するように、〝思想のメガネ〟をかければ、ぼんやりした世界がハッキリと見えることや、別物に見えることもある。

ローマ生まれの哲学者ルチアーノ・フロリディは、「私たちは情報圏（infosphere）に埋め込まれている」と説いた。グーグル検索で出てこないものは、存在しているとみなさない人すらいる。人間は経験を通じて、あらゆる概念を形成するとしたら、経験のないものは想像できない。「存在することは知覚されること」

フェリックス・ガタリらが『哲学とは何か』などの著作物で、概念をつくってきた。この概念の生成こそが、マーケティングである。デジタル化の進展で凄まじく変わる人の欲求に対して、会社の哲学を精緻化し、消費者に共感してもらうように届けること。

哲学することで教養は身につき、仕事に生かせる。

本質の洞察

リセットボタン
ゲームの役割
経営ってデザインだ
暮らしってデザインだ
終わりを決めること
一発屋
人の期待値
利得の目線
意味なんかない
やらせ

人は誰でもミスをする。

（メルセデス・ベンツ日本）

コピーライター　角田　誠

リセットボタン

ＲＰＧは、主人公を自分とダブらせて冒険していくゲームジャンルだ。物語を進めるにあたり、プレーヤー自身がアバターを動かして意思決定をしていくため、性格が出やすいゲームといえる。例えば、敵を倒すための武器の購入には予算が関わるから、選択を迫られる。剣を買うのか盾を買うかは自由であり、攻め・守りのどちらを重視するかで決める。手持ちの武器よりも攻撃力の高い武器を購入すれば、敵を倒す時間が短くなる。敵を倒した分だけ経験値と金銭が手に入るゲーム設計が多いので、お金を稼ぐ時間効率は良くなるだろう。ただし、守備を疎かにすると、命が脅かされる場合がある。

一方、頑丈な盾を買う人は、手持ちの武器で我慢をして、回数を重ねて敵を倒すタイプ。受けるダメージをできるだけ軽減できる戦い方だが、戦闘時間が長いので、お金を稼げるスピードは緩やかである。どちらが正解という訳ではない。武器の選択ミスをしても、冒険中に挽回できる。

この武器の選び方は、「資産運用」と似ている。レバレッジの高い投資に回すか、低金利の定期貯金にするか。投資先は、個人の自由と責任に委ねられている。

さて、ゲームは目が疲れたら休憩ができる。主人公は永遠に歳をとらず、現状維持のまま足踏みしている。しかし、人生という冒険は、保留することも途中下車もできない。過ぎた時間を遡る機能も、リセットボタンも備わっていない。人生の場合、前に向かって進むしかない。

ただし、ゲームのように一つのミスで命を落としたりはしないはず。

マインドのリセットならば、何度でもできる。

ゲームに比べて、人間は進化しないなあ。

（エンターブレイン）

コピーライター　野澤幸司

ゲームの役割

ゲームの役割が、10年前と大きく変わったと感じる。例えば、ゲーム実況をするユーチューバーが大金を稼ぐ時代だ。ゲームをＬＩＶＥ配信で実況する趣味の延長のような活動が、誰かを喜ばせて収入に繋がっている。世界中のゲーマーたちと競う「e-sports」は、大きな大会で優勝すれば、賞金は数億円。世界的なプロアスリートの報酬に引けを取らない。

一方で、人気に火が付いた任天堂のゲーム「あつまれ どうぶつの森」も、人と人を繋ぐ機能が、新しいコミュニティをデザインしたゲームの代表といえる。

「ゲーム内課金」という言葉が出てきたのも数年前だ。少し前の世代までは、ゲーム上の〝仮想通貨〟は、ゲームの中で稼ぎ、使用したらそれで完結だった。

「ドラゴンクエスト」では、モンスターと闘って、敵を倒して、住民の平和に貢献してはじめて、報酬が手に入る。欲しいものは、すぐに手に入らない。呪文や必殺技も経験値に応じて会得できる。成長するから、新しい強敵の前でも太刀打ちができるようになる。そんな〝人生の縮図〟をゲームで教わった。それが今では、現実世界の通貨が換金されて、ゲーム上のモノや、快適な環境を買うことができる。課金したほうが楽しめるゲームとは、現実世界での経済力がものを言う。ゲームという娯楽は、現実から離れた〝第3の場所〟だったが、これでは現実の経済力と楽しさが比例してしまっている。

もはやゲームは、自己完結で、アクビしながら不毛な時間を過ごすための暇潰しのツールではなくなったように思える。

見え方は、生き方を変える。

（南旺グループ）

コピーライター　広瀬　誠

『ファスト・カンパニー』誌（2007年10月号）の記事に〝デザインがいかに企業収益に貢献しているか〟を示すエビデンスが掲載されていた。あらゆる業種において、デザイン志向の企業は、従来型の同業社よりも高い業績をあげているとの調査を発表していた。

アップル、P&Gなどの有名企業は、ブランドデザインにおいて中核となる部署を設置している。それは、ブランドコミュニケーションをデザインに落とし込むことが極めて重要であると感じているからにほかならない。経産省や特許庁が2018年5月に発表した「デザイン経営」では、経営、人事、広報、広告を、広義なデザインと捉えている。会社が伝えていきたいストーリーをイメージして、デザインを価値体系の中心に置くことが大切であるとしている。

「デザイン」の話をすると、表層的な視覚要素の「ビジュアルデザイン」だけを考える人もいて、意識の共有に時間がかかる。しかし、デザインとは、マーケティングであり、経営そのものであると思う。経営企画を目に見えるカタチとして表出させて、オーディエンスに伝えるものが、デザインだ。そして、ブランドにおける〝クリエイティブ〟とは、理性と論理に裏付けられている。

デザインは、大旗のような目印であり、組織内で想いを共有できる羅針盤であり、目的と解釈に迷わないための指標である。

すなわち、ブランドや企業の世界観を最適化したイメージこそが、デザインなのではないだろうか。

死ぬまで生きても数十年。
自分にすなおに暮らしたい。

（リクルート）

コピーライター　仲畑貴志

米国経済誌のグローバルファイナンスが公表した「住みやすい都市」の2020年の世界ランキングでは、東京が首位となった。8項目で集計したランキングに加え、「先進的な交通機関」でも高い評価を得た。しかし、電車に乗ることが激減した私たちにとって、住まいの価値基準も引越しをしたようだ。

住民基本台帳人口移動報告（総務省）では、2021年7月の東京都は転出超過だった。経費削減と在宅勤務の浸透で、オフィスを縮小する企業が増えたことで、東京都心5区の空室率も上昇傾向にある。

SUUMO「首都圏BEST100資産価値ランキング」では、9割近いディベロッパーが、今後「コンパクトシティ化」と「スマートシティ開発」が進むと予測。その背景には、テレワークの浸透と継続がある。住戸の広さ、個室ニーズなどは「職住接近」から「職住融合」へシフト。住戸内や共用部のワークスペースを重要視する人が増えている。

不動産情報サービス「LIFUL」による「コロナ禍での借りて住みたい街（駅）ランキング」の1位は、小田急線本厚木駅。駅から30分にキャンプ場があり、BBQや森林浴が楽しめて、付近には温泉もある。家賃も安くて、アウトドアが身近にある暮らしが人気らしい。一方でリセールバリューが最も高い街は、千駄ヶ谷。

さて、どちらが好みか？　住まいも街も、自分の暮らし方に沿って選ぶ時がきた。

消えたかに道楽。

（東海旅客鉄道）

コピーライター　谷山雅計

「この店、いつごろ閉めるんですか?」

これは、お笑い芸人サンドウィッチマンさんのラーメン屋のコントで、お客がラーメン屋の店主に向かって質問する、ボケである。このネタの着眼点が面白くて、書き留めてしまった。

しかし、このボケは、あながち的外れな質問でもない。

アメリカ・ボストンには、実際に閉店日を決めて運営するラーメン屋があるからだ。2019年2月24日、毎日放送『情熱大陸』で紹介されていたが、日本人オーナーの大西益央さんのラーメン店「Tsurumen Davis」は、オープンしてから5年後に店を閉めると決めて、18～20時の2時間だけ営業する。また「200日ごとに新作ラーメンをリリースする」というスタイルが、ファンを飽きさせない。私も大学1年生の冬、1か月だけボストン留学をしたことがある。分厚い手袋を貫通する寒さを覚えているが、そんな極寒の中でも1時間待ちの大行列ができるほど、ボストン住民の舌を唸らせているそうだ。

『100日後に死ぬワニ』(作・きくちゆうき)はベストセラー4コマ漫画だ。主人公のワニの一生を描き、コマの枠外で「死まであとｘ《エックス》日」と明示して、作中のワニの寿命100日間をカウントダウン形式で描いた。2019年12月12日から作者自身のTwitterアカウントで公開がスタートして人気を博し、連載終了日の2020年3月20日には同作がTwitterのトレンドで世界1位となるほどの話題になった。「終焉を予め伝えること」がイベント化し、期間限定感を生む。そして、その後の展開を知りたくなる心理を誘引するのだろう。

あの人の人生に、ちゃんと私が入っていた。

（日本郵便）

コピーライター　野澤幸司

一発屋

たった一つのギャグやネタで大ヒットして、ブームが去ったお笑い芸人の方を指して、「一発屋」と表現されたりするが、その一発を当てることが、スゴイ。

大地震が起きた時、揺れが収まったように見えても、住民は、再来する余震を警戒する心持ちとなる。だから積極的に地震の情報を取りに行くし、知人や家族とも情報共有をする。衝撃が大きいから、印象にも記憶に残る。

一発当てて「バズる」という現象は、この大地震後の現象に相似している。社会に一度でもインパクトを与えるほどの大きなムーブメントが起きれば、対象（地域、年齢層）に対して広く周知されて、認識される。意識の中に刷り込まれるから、なかなか存在が消えない。

「病みつき」という表現は、病むほど人の脳裏に焼き付いていることを指している。そのため、注目を集めたい人がすべきことは「メジャーになること」だろう。一度でもバズれば、余震のように揺れが緩やかな時も、誰かが気にかけてくれやすい。あとは、知名度が継続できるように仕事を積み重ねれば、揺れ続けられる。一世を風靡するまでのギャグは、数年後は「懐かしい」と哀愁を呼ぶから、また仕事を続けられる。

「元気にしているかな」と年賀状を書く時に思い出される人は、書き手の心の中で、微弱にその人の存在が揺れ続けている証拠だ。

たった一度の勇気や覚悟が、人生を大きく揺さぶることもある。

初めての「おいしい」より、
二度目の「おいしい」。

（ピエトロ）
コピーライター　手島裕司

ＪＡＬの機内誌『ＳＫＹＷＡＲＤ』（２０２０年11月号）に載っていた、コメディアンの関根勤さんの記事が印象深かった。関根さんは、デビューして8年後に萩本欽一さんの門を叩いた時、「出来の悪い時と良い時の幅がありすぎる。20点の芸を見られてしまったら、そのイメージをずっと持たれてしまう。毎回面白く80点取るように、もぐれ」[*1]とか「１００万円をもっていて、１００万円ありますよって芸はだめ。95万円はポケットに入っている。そんな芸をしないと」などと助言をされたそうだ。そのアドバイスもあって、関根さんはオーバーリアクションを止めて、持ちネタのモノマネに磨きをかけて、ブレイクしたと自己分析されていた。

「良い意味で期待を裏切ること」。また、「いつも合格点であること」が大事なのだと学んだ。

私は、飲食店のレビューを書き込む習慣がない。料理は芸術に近いため、主観で評価して公知することに違和感があるからだ。店側にとって本当に怖いことは、点数評価ではなくて、知らぬ間に信用を失って再訪されないことだろう。

たまに手洗い場の水が、チロチロとしか出てこない飲食店があり、残念に思う。お客の衛生面を考慮せず、水道料金の節約を優先する店だとしたら、「お客様第一」と謳う接客姿勢との矛盾を感じてしまう。

「80点が取れているか？」萩本欽一さんの言葉に私自身も身が引き締まった。仕事において、減点は、できるだけ最小限に抑える努力をしたい。

おかしいな。
運転中は歩行者に腹をたてた人が、
歩くとクルマに腹をたてている。

（札幌市）
コピーライター　臼井栄三

利得の目線

先日、ドラマ『ごくせん』の再放送を観た。私の高校時代のドラマで懐かしかった。ただ、30歳を過ぎて見直すと、高校生当時とは異なる視点でドラマの意図を感じることができた。それは「他人の文脈に立つこと」の重要性だ。

学校をドロップアウトする不良の背景には、家庭環境や親しい人からの裏切りなど、各々の事情がある。「先公なんて信用できねー」というセリフを盾に、大人と接することを拒む。犬も人間が怖いからよく吠えるが、彼らは大人に対して怯えているから強がって、威嚇している。

ただ、不良になる理由には、彼らなりの合理性もある。本人や集団にとっての利得は、ドラマの中でも社会や他者からは理解されづらそうだった。これは、生活保護者が社会に溶け込めずに、自らホームレス生活のような不利な境遇に戻ってしまうケースと似ている気がした。利益や利得の目線を合わせて、理解する必要がある。そう考えると、政治に期待する・しないは、個人の置かれた環境によって大きく異なるわけで、選挙に行かない人を一方的に非難しても政治は良くならない。今回のCOVID－19の蔓延で、国民は何を思っただろうか。日本の未来を委ねて投票をしてきた結果、不況の最中で悲痛な声は届かないと感じた人もいるだろう。自粛をお願いする立場の政治家が会食をして、賄賂や接待疑惑も止まない。個人の1票は極薄の和紙のように軽く、若者の政治への関心が低くなってしまっても無理はない。タイムパフォーマンス重視のZ世代が、アルバイト時間を削ってまで、選挙に足を運ぶ動機づけが欲しい。

アオハルかよ。

（日清食品ホールディングス）

コピーライター　佐藤雄介・佐藤舞葉

2021年の成人式で弊社のインターン生が二十歳を迎えた。当日にシェアしてくれたTiktok動画を見て、笑ってしまった。その動画は、振袖を着て、椎名林檎さんの曲で、ぐるりと1周しているもの。この感覚が斬新で、衝撃を受けた。

私のような昭和生まれの人間は、物事に対して、すぐに意味や理由を求めてしまう傾向がないだろうか。それは、安心が欲しいからかもしれない。いつも原因があって結果がある。ヒットの裏に隠された因果関係を分析して、解明することで学習しながら生きてきた。しかし、理由が成立する要件が、自分の知識や経験では説明ができない新しいフェーズにいる時、「そういうものなんだ」と新しい価値観をまるごと自分の中に取り入れる姿勢も必要だと思った。

そもそもTiktokerやYouTuberなどの人気者の中には、ネーミングの由来を聞かれても、「特に意味はない」と答える人も少なくない。コンテンツに対しても「ゆるさ」が大切で、むしろ作りこまれた「人工的」な広告色の強いコンテンツは嫌われる傾向がある。好きな理由は明確に言及できず、「なんとなく」がリアル。

スマホで動画を撮影して、私生活の一面をシェアすることが、日常の遊びである中高生たち。私たちの青春とは、春の過ごし方も、感じるブルーも異なるのだろう。昔も「アオハル」と読めた漢字だけれど、そんな言葉は使わないまま青春を過ぎた。マクロビオティックの世界では「一物全体」といって、丸ごと全体を食べることを推奨している。価値観の一物全体もしよう。

不思議、大好き。

（西武百貨店）

コピーライター　糸井重里

やらせ

ドッキリや人間観察をするようなテレビ番組で「未確認生物（以下、UMA）や動物と話せる状況になったときにどうするか」というシーンを観て、違和感を覚えた。なぜなら、動物が日本語を話していたからだ。もし、私が動物やUMAと会話ができる状況に陥ったら、真っ先に質問することは「なぜ、あなたは日本語を話せるのですか？」である。

上智大学言語教育研究センター教授・センター長の吉田研作さんによると、世界には6900ほどの言語があるそうだ。さらには、他国では地域によって、言語が複数ある。そのためUMAが、日本語を標準語としてピンポイントで話せることを不思議に思う。宇宙人が話す言葉の代名詞である「ワレワレハ、ウチュウジンダ」と挨拶する憶測だって、なぜ日本語なのか。

百歩譲って、仮にUMAや動物が「自動翻訳機」みたいな機能をもっており、人間の脳内に直接メッセージを送れるものとしよう。そうだとしても、日本語をデフォルトに入れてくれたことを感謝したい。日本人に非常に友好的である証拠だからだ。

〝やらせ〟を嫌う最近のテレビでは、催眠術師や超能力者の登場が少なくなったように思う。あれも同じ理屈ではないか。知らない言語で「だんだん眠くなります」と囁かれたところで、言葉が理解できなければ効かないのでは？ 超能力の真贋は、日本円の貨幣価値も知らず、言葉も通じないゲストを海外から招いて、実験すれば証明ができそうだ。時差を初経験して、寝るかもしれないが。

●注

＊1　もぐる

テレビに出演しないで鍛錬を積むことだそうです。

視点の変化

家族の時間
子どもも大人も
エシカルな未来
断捨離
日本は、すごい
有名の価値
謙遜
物語《ストーリー》で買う
YOASOBI
服の役割

ごはん、できたよ。

（日本マクドナルド）

コピーライター　福里真一・照井晶博

家族の時間

コロナ禍。見えない敵に翻弄されて生活が一変したが、同時に日常の当たり前にある幸せにも気づいた年だった。

「おうち時間」「おうちごはん」という言葉が一般的になった。これは、外出自粛や夫婦ともに在宅勤務の機会が増えて、自宅でのライフスタイルの質を見直すきっかけとなったからだ。

東京建物・ブルーモワが発表した「在宅勤務による変化の調査」*1では「通勤時間や満員電車などのストレスの軽減」が、テレワークのメリットの第1位に挙げられていた。暗黙の了解であった午前9時出勤の来社時間ルールは、病原体によって緩和されたのだ。集団を動かすことで初めて国も動く。桜を見たい気持ちとウイルスは、人の行動を変容させる影響力があると知った。

積水ハウス住生活研究所による調査*2で、「在宅勤務をした時に良かったことは?」という問いに対して「昼食を一緒に過ごせる」が約64%、「夕食を一緒に過ごせる」が約46%。これまでの家族間の食事が、いかにバラバラだったかを如実に物語っている。

『サザエさん』や『ちびまる子ちゃん』は3世代家族で食卓を囲む。あの団欒を観て「家族像の原風景」と捉えていた時代は、平成で終わったのかもしれない。しかし、令和になって「平日に家族で食卓を囲むこと」が当たり前になる日が戻りつつある。

大人から幸せになろう。

（POWER FORUM事務局）

コピーライター　岩崎俊一

『鬼滅の刃』が空前の大ヒットとなった要因の一つに「大人も子どもも一緒に楽しめる」という風潮が垣間見えた。これは、戦隊ヒーロー系の特撮にイケメン俳優をキャスティングして、一緒に観ている親が、変身する前の俳優に心ときめき、親子で作品の虜となっている現象に近いだろうか。

「子どもも大人もファンにする」という戦略は、おもちゃ業界でも発見した。例えば2020年10月に発売された『キャップ革命ボトルマン』(タカラトミー)は、高さ約8㎝の小型のロボットにペットボトルのキャップをセットして、バネで飛ばす玩具だ。これが、店頭では品薄となる人気ぶりだったらしい。ヒットの秘訣は、「二世代前の大人に照準を合わせたこと」だと分析されていた。1993年、タカラ(現タカラトミー)から「ビーダマン」という、同じ原理でビー玉を飛ばす玩具が大流行した。漫画『爆球連発!! スーパービーダマン』は小学館の『月刊コロコロコミック』に掲載されていて、当時の読者で現在20~30代前半をターゲットに設計し、彼らの懐かしさを喚起させた。

メディアミックスも秀逸で、発売前の約1か月半は、ネット中心で大人向けの期待感を煽るコンテンツを流した。その後、発売日にはYouTube上の公式アカウントでオリジナルアニメの放映や、子供向け雑誌などで商品を告知した。

「子どもも大人も純粋に楽しめる」コンテンツを創れる大人が、日本には大勢いることが、日本の宝だ。商品が愛される順番は、子どもでも大人でもどちらが先でもよい。

エコロジーで大儲けする人がいないと、
環境問題なんて解決しない。

（エブリデイ）

コピーライター　福島和人

エシカルな未来

２０２０年「ＮＥＸＴユニコーン調査」（日本経済新聞社）で、未上場の有力スタートアップについて企業価値を推計したところ、世界的な社会課題を解決する企業がランキングの上位に入った。企業価値１００億円以上の有力企業は80社と２０１９年から3割増えたが、その中で国連の持続可能な開発目標（ＳＤＧｓ）を踏まえて、社会貢献を意識するスタートアップへの出資が強まっている。

興味深い企業の一つがGlobal Mobility Service（以下、ＧＭＳ）だ。ＩｏＴ技術を使って貧困層が自動車ローンを組めるサービスを国内と東南アジア数か国で提供している。消費者が金融機関から仕事で使う車を借りて、この機器を搭載すると、機器が車の走行データを収集し、働きぶりを「見える化」することで与信とする。

ＧＭＳは、自動車購入資金を貸し出す金融機関から手数料を受け取ることで収益としているが、支払いが滞ると、停車中に機器がエンジンを強制停止して貸し倒れを防ぐ設計がユニーク。貸し倒れリスクは、なんと1％以下だ。ＳＤＧｓ目標1の「貧困をなくそう」や目標10の「人や国の不平等をなくそう」を解決するようなビジネスモデルが素晴らしい。現在、ソフトバンクやデンソー、住友商事など、多くの大手企業が出資しており、さらに企業価値を伸ばしているそうだ。

銀行や証券会社でも、ＥＳＧ関連の投資信託などが増えたと実感する。企業経営では、利潤を目的とすることは当然である。しかし、投資する側も運用する側も、公共哲学の視点が求められる傾向が色濃くなってきた。

ずーっと知らないという、幸福。

（岩田屋）

コピーライター　仲畑貴志

「モノを置かない」という生活スタイルが好まれている。

断捨離

衣食住の「衣」は必要最低限で済むから『airCloset』のようなサブスクリプションサービスを利用する女性も多い。かつては収納スペースも大切なポイントだったが、部屋のクローゼットを縮小して、リビングや個室空間を広く取れる間取りの需要が上がっている。「断捨離がブームなようですよ」。不動産会社の営業担当者から耳にした言葉だ。

ただ、断捨離を美徳として「何も存在しない空間」を目指す人は、決して〝綺麗好きな人〟とは限らないだろう。以前、テレビ番組の中で10代の女性タレントが、「食器を洗うのが面倒だから、使った後に捨てていた」という身の上話をしていた。おそらく、このような人は、紙コップ、紙皿、割りばしを使い捨てすることにも抵抗がないだろうと感じた。

インテリアとして、部屋にモノを置けば掃除が必要だ。植物を置けば、水やりがいる。つまり、モノを置けば、それだけ定期的なメンテナンスの時間がかかる。断捨離を望む人は、それらを排除したいという心理もあるだろう。片付けや整理整頓を排除したい、つまり単純に「したくないこと」を捨てているのだ。これは、「洗濯が面倒だから、履いた下着を毎日捨てる」発想と一緒である。

断捨離という言葉で「豊かさを知る」という可能性も、自らで断っている気がする。

「知らぬが仏」という諺がある。知らないのと、知るのと、どちらが幸せなのだろうか。

モノがある暮らしを試してから、モノを捨てても遅くないかもしれない。

ニッポンをほめよう。

（60社 連合広告）

コピーライター 谷山雅計・辻野 裕

ある番組で、諸外国のＣＯＶＩＤ－19対策を特集していた。

例えば、イスラエルのネタニヤフ首相は、自ら率先してアメリカの製薬会社とワクチンの契約交渉をしていた（２０２０年６月時点）。人口約９００万人が２回接種できるように１８００万本のワクチンの用意をした。２０２１年１月にはイスラエル国民の約16％がワクチンを接種したそうだ。

他にも、軍から７００名の派遣をして医療従事者として確保し、国策である高福祉を徹底した。ＩＴ先進国であるイスラエルでは、国民の接種履歴が個人番号で管理をされているため、優先順位をつけてワクチンが行き渡るように工夫されていた。

日本の場合、病床の数は世界一多い国らしい。ただ、肝心の医師が足りていない。アメリカなどは１人の医師が１床を診察するが、日本は医師１名が複数の患者を診ている状況だ。

こういう報道が流れると「日本は感染症対策が弱い」などと国家を批判する人が後を絶たない。しかし、データから見れば、日本は、頑張っている。

例えば、急性期病床１床当たりのコロナ感染症数は、スウェーデン22・３人／床、アメリカ20・９人／床に対して、日本は０・29人／床である。ロイター通信によると、イスラエル（２０２１年１月31日時点）では、新規感染者は平均６４９７人／日、死者４６７１人が報告されている。日本は人口約１億２５００万人に対して、新規感染者は平均約３３００人／日、死者数は累計５７０１人である*3。日本は、頑張っている。

名作だからって、有名とは限らない。

コピーライター　小山佳奈
（エイベックス・エンタテインメント）

有名の価値

　自分を発信する機会とツールがほぼ平等に手に入る環境下で、誰もが有名になる可能性はある。そして、フォロワーが多い（＝影響を与えられる）人物は価値を生み、収益化に繋げられる。アメリカでは、フォロワー数と比例した広告収入の見込みを担保に、住宅ローンを組める仕組みすらできている。もはや、各個人が〝稼げるコンテンツ〟だ。

　SNSの普及は、知名度に伴う人気ビジネスを一般化させたが、本来は有名であること自体には価値があるわけではない。

　例えば、絶頂の人気を誇るアニメのキャラクターが描かれた1万円のクオカードがあるとする。現時点では入手困難で、オークションで10倍の値がつくかもしれない。しかし、それは株価と一緒で、誰かの物差しにより釣り上がった価格である。株は企業が倒産すれば、紙クズと化す。クオカードの場合、そのアニメの人気が仮に低迷しても、市場価値は額面通りの1万円のままだ。

　人は有名になると、自らを過大評価しがちである。

　節度や嗜《たしな》みを忘れると、天狗になる。天狗は、俗に人を魔道に導く魔物とされていて「外法様」とも呼ばれる。また天狗という語は、中国で凶事を知らせる流星を意味するものだったそうだ。有名になったことは実績の賜物だが、凶事として心の奢りを見直す思し召しでもある。

　有名かどうかはさておき、「素敵だな」と思う人は、驚くほど皆さん腰が低い。

ともだちの「ゼンゼン勉強してない」
ほど当てにならないものはない。

（増進会出版社）

コピーライター　福部明浩

繁盛している経営者は、謙虚で倹約家な人が多い。そのため、その人望と手腕にお金がさらに集まる。コロナ禍でも株・不動産などの資産価値が目減りせず、富裕層の消費は、あまり落ち込まなかった様子だ。

２０２０年10月21日の日経ＭＪの記事。米・ラグジュアリーカードの会員の平均年収は約１７００万円、カード年会費は5～20万円である。２０２０年６～7月になると、富裕層消費は関東・関西では過去最高水準の利用額となっていたらしい。1～5万円単価のミールキットなどの食材詰め合わせは、発売開始２日で１２０万円分も売れたそうだ。超富裕層は、食事内容を写真アプリでいちいち共有などしない。高級な「おうちごはん」は、市民の知る由もない。これがリアルだ。

２０２０年秋、不動産市況を知りたくて、白金高輪の新築マンションのモデルルーム見学をしてみた。契約完了を示す紅い薔薇が、各フロアで据え付けられていた。28m²未満の１Ｋが、約８０００万円。ローンを組まず、現金一括で購入をする人も少なくないそうだ。このような高級住宅街は、築8年の中古物件ですら値上がりをしているため、買替え需要も多いらしい。つまり、富のある人に富が循環する経済になっている。

富裕層に対して「金に目が眩んだ人」と嫉妬する輩がいるが、富豪はお金で目なんか眩まない。お金が珍しくないから眩しくない。ただ、庶民の話題と心理に合わせられるから、人前では演技で目を擦《こす》ってみせているだけだ。能ある鷹は、さらに爪を隠す。知人の「ゼンゼン儲かってない」も当てにならない。

そういえば。親友も恩人も、
昔は他人だった。

（ぐるなび）

コピーライター　外崎郁美

物語《ストーリー》で買う

作り手や企業の想いに共感をして購入や出資をする動きが活発だ。「応援経済」の良い例が、クラウドファンディングである。例えば、劇団四季は新劇場を開くための資金調達で、目標金額を遥かに上回る2億円超の公募に成功した。

ホットペッパーグルメ外食総研の調査（２０２０年10月）では、コロナ禍で「応援消費」の経験者は対飲食店で約31％、対生産者で約23％だった。また約43％の人が「今後は行いたい」と答えている。

このような応援経済において、重要な点が〝物語《ストーリー》〟ではないか。節約志向が強まった一方、物語《ストーリー》に共感したモノ・コトには、お金を惜しまずに消費する傾向がある。コンビニエンスストア・ローソン傘下の食品スーパー「成城石井」は、２０１９年度の売上高が９３８億円に上り、営業利益率９・８％と業界を震撼させるほどの高い利益をあげた。成城石井では、バイヤーは日本国内を巡って、青果品の生産者に直接会って契約を取ってくるそうだ。顧客に語れるストーリーを意識しているからに他ならない。

登山ブランド「パタゴニア」は世界中の登山家にとって未踏の自然が残された最後の秘境として命名され、物語を描いた。一貫性があるから、環境保護や「Worn Wear」も企業の言葉として、木霊《こだま》のようにブランドに還る。企業は今や「ストーリーテラー」の役割も求められている。そして物語に大切なのは、脚本だ。たとえ、見ず知らずの人同士だろうと、プロットのイメージをお互いの人生の中で共感できれば、きっと人の心に届く。

彼は、国際的な　夜遊びをしている。

（ソニー）

コピーライター　土井徳秋

2020年、ビルボード・ジャパンが発表した年間総合ソングチャート1位はYOASOBIの「夜に駆ける」だ。サブスク累計再生回数は2億回を突破した。私は、この曲の中毒になった。

CD、ダウンロード、ストリーミング、ラジオOAなど複数の要素を合算した複合型チャートであるビルボード・ジャパンの年間チャートの趨勢《すうせい》から、CDを1枚も売らないで次世代のアーティストが続々と輩出されていることがわかる。サブスク型のストリーミングサービスへと完全に移行したことで、埋もれていた才能が掘り出され、頭角を現すスピードも速くなった。

その代表格が、私の大好きな2人組ユニット「YOASOBI」。コンポーザーAyaseさんとボーカリストikuraさんで結成され、「小説を音楽・映像に具現化する」というコンセプトで作曲をする。この新しい視点も、音楽の地殻変動を巻き起こした。

リスナーにYOASOBIの存在が知れ渡った契機はTikTokだった。動画が拡散されてSpotifyのバイラルチャート（ユーザーが曲をシェアした回数に基づくランキング）で1位になり、快進撃を遂げた。2020年の大晦日には、NHK紅白歌合戦にも出場を果たした。

広い声域と美声をもつikuraさんの歌唱力。彼女の透明感のある声は、常に名曲と共に流れてくる。ビートやコードが緻密に計算されたAyaseさんの作曲センスには、畏敬の念を抱く。8と16（裏）の両方のビートでリズムを刻めるからダンサーにも心地よく、日本人の耳にも馴染みやすい。

音と夜を遊ぶ天才は、世界中の人たちを魅了している。

おしゃれとは、自分でしっかり、
自分を見はっていること。

（資生堂）
コピーライター　土屋耕一

必要最小限の確実に着る服だけのワードローブの組合せ方を紹介した書籍『もう、服は買わない』（コートニー・カーヴァー著）が日本でも好調な売行きだ。まるで、コロナウイルス感染症の蔓延を見越して出版したかのように現代にフィットした本だ。

著者は、ミニマリスト。２００６年に多発性硬化症と診断されて、自分の生き方を見直す。２０１０年、シンプルな生活を提案するブログ〝Be More with Less〟を開設して、たちまち人気になった。厳選したアイテムで自分らしいお洒落を楽しむ企画「#project333」を発案して、今も世界中でタグづけをされている。

服の役割

この本が売れている理由には、人と会う機会が大幅に減少して、必要以上に服へ消費をしていた自分への矛盾に気づき、「足る」を知る模範が記されているからだと分析できる。衣というのは、他者に見せる役割が大きいが、毎日違う服で着飾る必要性やプレッシャーが、コロナ渦で希薄化したのではないだろうか。

２０２１年、コロナ自粛を呼びかけた成人式。振袖を着たい女の子の心理は、「人生に一度きりの晴れ姿を同級生と共有したいから」であって、自宅で１人振袖を纏っても満足はしないはずだ。つまり、衣服はどこかで他人からの承認を求めているもので、自己演出の手段でもある。

私は社会や他人ではなく、心地よさを優先して恰好を選ぶ風潮に前向きである。ただし、「この服では人と会いたくない」という美意識は持ち続けたい。

美は、恥じらいの精神から捻出されて、想像力で活性化すると思うからだ。

●注

＊1　東京建物で働く人を対象にした在宅勤務による変化の調査

【対　象　者】東京建物で働く人 726 名（男性 68% / 女性 32%）

【年代別比率】20 代 16%/30 代 23%/40 代 33%/50 代 24%/60 代 4%
同居人あり（子ども含む）44% / 同居人あり 27% /
1 人暮らし 29%

【調 査 主 体】東京建物・ブルーモワ

【期　　　間】2020/6/22 ～ 6/28

＊2　積水ハウス住生活研究所「在宅ワークに関するアンケート」、「食・食空間に関するアンケート」（2020 年）

＊3　ロイター通信　REUTERS　COVID-19　TRACKER（2021 年 1 月 31 日時点）
https://graphics.reuters.com/world-coronavirus-tracker-and-maps/ja/countries-and-territories/israel/

いろんな物差し

女子と男子
ママレード・ボーイ
ロマン
プロに性別はいるか
性差の意識
シャネル
そもそも論
無駄の価値
健康を追求したら…
母のわがまま

女子ではなく、女の子。

（クロスカンパニー）

コピーライター　児島令子

女子と男子

幼少期の頃、おもちゃ選びでジェンダーを体感した。

ファミレスへ家族で夕食に行った時のこと。幼稚園児の私は、父から「一つ好きなものを買ってよい」と言われ、席に案内されるまでにレジ横のおもちゃを物色していた。私の目を引いたのがプラスチック製のアクセサリーが入った玩具菓子。細長い紙筒に、指輪やイヤリングなど数種類の内、どれかが入っていて素敵に見えた。その玩具菓子を父の元へ持参すると、笑いながら戻すように指示された。そして、その場にいた10歳上の兄から「これ、女の子が買うものだよ?」と嘲笑された。私は、その2人の態度に傷ついて、母の胸で大泣きした記憶がある。理屈がわからなくて、泣いたのだろう。唯一、理解してくれたのは母だけだった。

おもちゃには「対象年齢」はあっても「対象性別」までは示されていない。「女の子が遊ぶ」と想定して製作したメーカーの意図に沿わないといけないルールなんてないはずだ。子どもなりに、選んではダメな理由がほしかった。

集団性の対象は、性別に向けられることが多い。山ガール、歴女、スー女、メガネ女子。「女子」に対する集合化や一括りのジャンル分けにウンザリしている人も多いだろう。「美しいものが好き」という美意識に性別は関係がないと思う。

女子の中に女の子がいて、男子の中にも女の子はいる。その逆も然りだ。世間の勝手な女性像や男性像を押しつけてこないでほしい。

#この髪どうしてダメですか

（プロクター・アンド・ギャンブル・ジャパン）

コピーライター　細川美和子

ママレード・ボーイ

『ママレード・ボーイ』は、集英社の少女漫画誌『りぼん』に連載されていた吉住渉さんの作品だ。２０１７年には、累計発行部数が１０００万部を突破した人気漫画だ。この作品がアニメ化された時、私はとても嬉しかった。ただ、小学生の男の子が観るには、大きな課題があった。それは、「放映する曜日と時間帯」である。よりによって、アニメの放映は、日曜日の朝8時半枠。家族で朝食をとる時間帯と重なっていた。

『ママレード・ボーイ』はキス、抱擁、告白といった恋愛模様が目白押しのアニメである。それらのシーンを親と一緒に観ることが、非常に気まずかった。

朝8時半のアニメ枠にしては、対象年齢が高め。なにせ設定が高校生のキャンパスライフだ。関弘美プロデューサーは「美少女戦士セーラームーンの〝卒業生〟狙いで作った」と話した。『美少女戦士セーラームーン』を現役で観ている小学生の私たちには、だいぶ精神的に〝飛び級進学〟した気分だった。

当時、男子が少女漫画の原作アニメを見ることには後ろめたさがあったし、そうした風潮があったと思う。作品を見ることに、性別なんて無関係なはずなのに。

生まれつきもった性質や体質は、アイデンティティーである。どうしてダメなのか理屈が通らないことが、まだまだ社会には山のようにある。

ロマンばかりの男なんだ。

（三菱銀行）

コピーライター　日下部　宏

ファーストキスが甘酸っぱい思い出の人は多いだろう。しかし、私の場合は、後味の悪い虚無感だけが残った。

小学校2年生の時、アニメ『ママレード・ボーイ』に感化されて、女の子とキスがしてみたかった。当時、お互いに好き同士だったクラスメートの女子Aちゃんと休憩時間に1フロア上の誰もいない教室に潜入して、キスをしようと誘ってみた。ただ、肝心のAちゃんの第一声は「えー。キスって唾をつけ合う感じで、なんか汚い感じするかも…」だった。

ロマンチックなムードと現実との乖離が大きくて、ショックを受けた。Aちゃんは、唇が一瞬だけ触れるような浅いキスをしてくれた。作業感のある刹那のキスには、温もりや愛情を感じる暇はなかった。

「女の子のほうが男の子よりマセている」とか「女子のほうが男子よりも精神年齢が高い」なんて話があるが、男にだって案外ロマンチストもいる。ただ、大人になると、男のロマンは時に、男性特有の悪い癖が出ると思う。

例えば、男性はどこかで、女性に聖なる存在でいてほしいという欲求がある気がする。女性に対して、過去に付き合った経験人数が1人でも少ないことに安堵する人がいるのは、女性に純粋さを求めているからだ。男性は、女性に対して自分の願望を身勝手に託す癖がある。そんな期待も、小さなジェンダーかもしれない。私は、女性も恋愛経験が豊富なことは、ポジティブに感じる。経験から男の見る目を養った上で、私を選んでくれていることになるからだ。男も女も〝非日常〟を求めている背景には、心にあるロマンが外に出たがっているからだと思う。

ロマン

プロの男女は、差別されない。

（リクルート）

コピーライター　中村 禎

『月刊NOSAI』(2020年11月号)の記事によると、「女性農業者が農業や地域で活躍するために必要なこと」を尋ねたアンケートで「家事・育児への家族の協力」「周囲(家族・地元)の理解」が約55%だった。続いて「女性農業者の横のつながり(約52%)」「労働に見合った報酬や収益の配分(約49%)」と続く。他の統計でも、農林漁業に従事する男女を比べると、男性は極端に短い時間しか家事・育児に関わっていない(1日に家事育児に使う時間が男性は25分、女性は181分)。

2019年における基幹的農業従事者は140万人で、平均年齢は67歳。農業者の年齢構成は30歳代が6%、29歳以下は1%見未満。そのうち、女性の割合は1999年の1.6%から2019年の4.8%へと大きく増加傾向にあるが、働き方のモデルケースが圧倒的に足りないと推測できた。新規就農する場合、自営就農より雇用就農する割合が高いそうだ。

農林漁業界でも家事・育児や介護は「女性の仕事」であるというステレオタイプが色濃く残り、女性は状況的に独立しづらい現状があるように思えた。

米国・ニューヨークウォール街に2017年3月「恐れを知らない少女」と名付けられた銅像が建った。国際女性デーを記念して、性の多様性を尊重する企業のインデックスファンド「SHE」を啓蒙するためだ。SDGs(国際連合の持続可能な開発目標)でも「ジェンダー平等とすべての女性のエンパワーメント」は達成目標の一つである。育児においても、性別の向き・不向きはないと思う。子育てのプロには、パパとママのどちらでもなれるはずだ。

あなたが空想したクルマです。

（トヨタ自動車）

コピーライター　今泉晶子・佐藤健治・岩崎俊一

性差の意識

文房具大手『コクヨ』の履歴書から性別記入欄が消えた。多様性を重視する社会で、性別を書く必要性が問われ始めた。「LUX」などのブランドで有名なユニリーバジャパンの採用面接でも、性別を進言する必要がなくなった。時代への適応の早さが、2社ともさすがだと思った。

考えてみれば、緊急性の高い手術において、輸血する際に大切なポイントは、血液型の一致であって性別は関係がない。

朝の報道番組の最後に流れる占いでも、星座や血液型でその日の運勢を占うけれど、「てんびん座の女性は、今日最高の運勢です」とは、聞いたことがない。

それでも世界では、まだまだ性差が埋まらない。サウジアラビアが女性の運転を解禁したのは2018年6月のことだ。日本では「え、なぜ、女性が運転できないの？」と不思議に思うようなことが、その国では革命に近い出来事だったりする。

しかし、日本も153か国中で「ジェンダーギャップ指数」は、121位（2021年2月時点）。性差への意識が低い国といえる。

手塚治虫先生の漫画『リボンの騎士』は、女の子の主人公サファイアが、騎士として白馬に乗っている。1950年代に発売された漫画だが、この時代から手塚治虫先生は「女の子は女の子らしくありなさい」というジェンダー問題を提起していた。どれだけ未来を見通せる人なのだろうか。IT技術の発展とは裏腹に、日本のジェンダー理解は未だに遅い。

手塚治虫先生、空想したクルマの運転席には、女の子が座っていますか？

売ってないものは、作るしかない。

（ブラザー工業）

コピーライター　眞木 準

シャネル

ガブリエル・シャネルは孤児院で育ち、愛人などをして生計を立てていたそうだ。そんな日々の中で「男性に頼らない生き方をする」という意思が芽生えて、〝女性の自由〟をテーマにしたブランドを誕生させた。それが〝シャネル（CHANNEL）〟である。

「女性も自分の服は自分で選ぶ権利がある」というメッセージが、力強い。1940年代のドレスは、パトロンがいる女性がブルジョア階級の旦那に購入してもらう必要があったそうだ。おまけに女性向けの洋服は、コルセットが窮屈で、単に見た目だけを良くするためのオートクチュール。さぞかし苦痛だったに違いない。シャネルは、その文化を塗り替えた。ジャージ素材やツイードを使用して、婦人服で初めてブラックを用いたことは画期的だった。両手を自由にさせるショルダーバッグもシャネルが発明したと言われており、まさに「新しい女性の生き方」を提唱したブランドの鑑である。

『コンプレックス』（著・河合隼雄）によれば、「男らしさ、女らしさと言われるものは、文化や社会の影響で形づくられる」とあるが、市場に存在しない洋服だけでなく、文化や社会をも新しく創ったのが、ガブリエル・シャネルだ。

女性は男性に対抗する時、男性的役割を遂行できることを示そうとすることがある。その強さと独立心を指すコンプレックスを「ディアナ・コンプレックス」と呼ぶ。「ディアナ」はギリシャの女神アルテミスのローマ名に因んでいるそうだ。シャネルは、女神アルテミスの生まれ変わりなのかもしれない。

この商品は、必要だろうか。

（キユーピー）

コピーライター　秋山　昌

常識に疑問を投げかける習慣は大切だ。

哲学者の小川仁志さんは、イスラエル出身の哲学者ウルマン・マルガリートが提唱した「合理的再構成」論に基づいた「イチャモン・マップ」を編み出した。物事を捉え直すために「そもそも、それって必要なのか?」と自問する。本質を客観的に見直すという理論を話されていて、これは、普段のダイエットにも活かせると思った。

例えば、「1日3食、規則正しく食べなければならない」という規則性をも懐疑する。「3回という回数が大事なのか?」「1日3食と誰が決めたのか?」といった疑問をぶつけてみる。確かに、1日3食ルールは、リバウンドを防ぐための手段としては有効ではある。しかし、私は食べ過ぎた翌日は、プチ断食をして、水泳をする。つまり、1日3食ルールに縛られず、その時々の体のコンディションに合わせて食事量を決めている。常識に囚われると、柔軟性に欠けるリスクがある。

そういえば、私がブレイクダンスをしていた高校生のとき「三度の飯よりBREAKIN」というダンスバトルの大会があった。この三度の飯の〝飯〟は、丼ものが浮かぶ。スムージーやコールドプレスジュースを朝食にしているけれど、〝飯〟というワードからは連想されない。美空ひばりさんの名曲である『川の流れのように』は、アメリカのイースト川を見て、秋元康さんが作詞した。日本の名曲であるので、日本の川を連想する人が多いのではないか。

固定観念をぶっ壊して考えたとき、新しい着想が広がる気がする。

意味のないそれらを
僕は死ぬほど　愛している。

（東京デジタルホン）

コピーライター　岡　康道

無駄の価値

効率よく情報を入手したい人やステレオタイプが激しい人のあるある話。

科学、社会学、哲学、文学といった学問を「役に立たない」とか「不利益で不要」と揶揄《やゆ》する人がいる。そう感じるのは、発想が貧弱な証拠なので、言われた人は気にしなくてよいと思う。例えば、執筆に必要な情報を図書館で調べるときの「寄り道」は、理解が足りない不明瞭な事象について関連する図書をぼんやりと読んだり、一見、目的とは無関係そうなジャンルの本も併せて読んでみると、勿怪《もっけ》の幸い[*1]を呼ぶ。

私の仕事は、広義なマーケティングなので、情報が生命線だ。生理学、社会学、脳科学などの一見ビジネスと直接的に関係のない本も読むが、新しい理屈や理論に出会うことができる。今すぐに欲しい情報ではないので、クリーンヒットパンチには匹敵しないが、ボディーブローのようにジワジワと後から効いて、本来の目的に近づくときがある。

新しい着想とは、無関係なものから連想することも多い。視点を変えることで、新しいアイデアや手段が導かれることも多々あるからだ。そのときに「寄り道」が初めて価値になる。

効率だけを求めて生きると、発想は湧きづらい。

「焦らないで無駄をしなさい」という身内からの助言に対して、20代前半の私は反発していたが、今は少しだけ意味がわかる。一見、意味のないことに、意味が生まれる瞬間が来る。道草を食うことは、最強のグルメであり、脳への間食みたいなもの。ただし、制約された時間の中で自律は求められそうだ。結論、不要な学問なんて、一つもないと思う。

健康がブームになるなんて、異常だ。

（カゴメ）

コピーライター　斎藤直之

健康を追求したら…

「会社内でお前の行動は、今じゃ都市伝説になっているよ」と会社を退職してから食事した先輩に告げられた。どうやら私は、異常だと思われていたらしい。とある弁当の総菜を洗って食べていたところを社内で目撃されたからだ。

当時、勤め先では機関投資家に対して、昼食とＩＲ情報を提供するサービスがあった。新卒の私は、会議の準備を任されていた。昼食は、弁当を参加人数分だけ注文するわけだが、ドタキャンする人たちもいた。弁当は消費期限が当日だから「余ったものは食べていいよ」と上司に言われ、ありがたく戴いた。しかし、この弁当を食べた日だけ、顎あたりに肌荒れが起きることが判明し、私にはある仮説が生まれた。「弁当には食品添加物や化学調味料が多く含まれる。それが自分の体質と合わないのでは？」。食べずに棄てれば解決する話だが、フードロスにも抵抗があった。そこで、ある実験をしてみた。

オフィスにある熱湯だけが出る蛇口。そこにマグカップを用意して、総菜を入れて熱湯を注ぐ。そして、食材から余計なものを取り除くように割箸で突いた。すると、調味に使われた様々な色素がジュワっと湯に滲み出てきた。あの光景は、衝撃的だった。洗浄した総菜を食べた日は、肌あれが激減。私が食品添加物に反応する体であると、確証に変わった出来事だった。

それから、原材料表示や体調変化を観察する習慣が身についた。執筆の他に「食」にまつわる仕事をしている背景も、素材の味を生かした食品を、世の中にもっと普及させるためだ。

年々日本でも「無添加」が当たり前になり、健康志向も強くなってきた。異常が正常に。

面倒みられたくない権利。

（旭化成工業住宅事業部）

コピーライター　石川英嗣

現状の母の住まいまでは、ちょっとした小旅行ほどの距離がある。だから、万が一の状況では、母の最期を看取ることができない可能性がある。しかし、それは親不孝とは限らない。これは、生前の親子の信頼関係によるものであると思うからだ。

私は、独り遠くで暮らすことを勝手に決めた母と口論になったことがあった。母の老後の身体が不安だったからだ。母は、自尊心が高くて勇敢な人だ。美意識のもち方も、自分に忠実に生きることも、母の背中からすべて学んだ。そんな母だから、私の前では、いつでも綺麗な母親でいたいと思うのは自然なことだった。そこに気がつけなかった。顔が判別できなくなるほどの痴呆や、老衰した姿を「息子に晒したくない」という気持ちも、母なら人一倍強いのかもしれない。「息子に迷惑をかけたくない」が口癖で、その水くさい言葉に立腹した私がいた。義務を通り越して、母の面倒を看ることは当たり前だと考えていた。

しかし、そんな愛を遥かに超越した愛で、母は人生の最後に暮らす場所を自らで意思決定した。子から離れる親のほうが、覚悟を必要としただろうに…。

「30歳で仕送りするよ」と豪語したけれど実現できなくて、「母の日」や誕生日に黒にんにくや無添加ナッツを送ることが精一杯。逆に、1冊目の書籍が出版された時、喜んだ母は、あえて書店で購入した。本屋での購入実績を1冊でも多くするためだ。

自分の幸せよりも息子の幸せを最優先する母の視点は、昔から微塵も変わらない。1歩先の愛を行使する母だから、せめて母の最期の権利は、尊重すべきだと思った。

サラリーマンという仕事はありません。

（西武セゾングループ）

コピーライター　糸井重里

「最後のあとがきは、コピーで締めたいです」と編集長にリクエストした。墓場に行くまで忘れずに刻まれていると感じた広告コピーが、これ。

ユーチューバーやインフルエンサーといった職業が頭角を現して、〝1億総クリエーター時代〟と呼ばれるなんて、想像もつかなかった2013年。20代だった私は、仕事内容を尋ねられた際、回答が面倒で「サラリーマンです」と易々《やすやす》と答えていた。そんなとき、この広告コピーと出会って衝撃を受けた。

「この言葉を自らで発している間は、起業なんてできっこない」。

六本木ヒルズにある蔦屋書店で、自分を戒めた。

「自分の仕事にプライドをもてているのか？」

そう尋ねられている気すらした。

それからは、自分へも、他者に対しても「サラリーマン」という言葉は一切使わない。「ビジネスパーソン」と表現するか、業務内容を伝えるのみ。便利な単語は多発しがちだ。でも、その単語や表現一つが、セルフイメージや尊厳を無意識に下げているかもしれないと気づいた。

広告コピーは、ヒトの意識や行動、そして未来にまで影響を与える強さがあると知った瞬間だった。

2010年、新卒採用試験。
私は、首を何度も傾げていた。

博報堂のエントリーシートの課題一つ目。6角形グラフを目の前に、広告マンとしての素質を根本的に問われている気がした。捻りだした自己PRは、OB訪問した先輩から「つまらない。個性がない」と一蹴された。「広告代理店は、遊び心のない私が入社できるのだろうか…」と、また首を傾げた。結果、私の内定先は金融業界だった。置かれた場所で咲こうと努力した。

しかし、私の心は嘘がつけずにいた。土日の休日の過ごし方は、某所の蔦屋書店にまっしぐら。目的は、広告、クリエティブにまつわる書籍や雑誌を読みあさることだった。休日に手に取りたくなる本が、私の本心を写す鏡のようだった。そんなある日、一冊の本と出会った。それが『日本のコピーベスト500』（宣伝会議、2011年）。あっという間に読み切って、激しく感動した。それから、コピーライティングという不思議な仕事への一方通行の憧れが芽生えた。

結果、私はコピーライターにはならなかったけれど、広義なマーケティングの戦略立案の仕事をしている。プロジェクトにおいて、コンセプトをデザインすることも多く、コピーライティングやタグラインは欠かせない。キャッチコピーのある・なしで、クライアントメンバーのビジョンやミッションへの共通認識の理解度に歴然の差が出てくる。
だから、一生懸命、今日も自分なりに詞を選んでいる。

さて、本書でペンを執ってみて、広告コピーは「映画の告知」みたいな役割であると感じた。一度きりの人生という物語の中で、どこかのワンシーンを切り取って、注目を集めているからだ。

芸術・文学といった高尚な対象物とも異なるけれど、応援歌のように耳に残る詞にもなる。嗜好品と呼べるほどの中毒性もないけれど、頭の片隅に消えずに、ふとした食後に欲しくなる。

これが、私にとっての広告コピーだけれど、いつの時代も色褪せることがない。いつの時代も胸に刺さる言葉は、私たちをこれからも勇気づける。

最初は純度の薄かったものが、くっきりと見えるようになる言葉たち。脚光を浴びた時期から年月が経って、寝かされた言葉たちは、ワインのように味わい深く余韻をつくり、人の心を今でもなお動かしているという事実が、美しい。

これからも、「広告コピーを自分の物語に置き換えて楽しむ」という自由な遊びをしながら、歳を重ねたいと思う。

最後に、章立てでアンケート調査に協力してくださった大勢の方々、最後まで推敲に付き合ってくださった編集の宮永さん、そして、イメージを書籍として形にしてくださった版元の佐藤社長に感謝申し上げる。有難うございました。

そして、私たちに安らぎと勇気、生きる希望を与えてくれるすべての広告作品、広告コピー、コピーライターの方々へ、心から敬愛の気持ちをお届けします。

●注

＊1　思いがけない幸運のこと。

●参考文献

《書籍》

- テーマで学ぶ　広告コピー事典　グラフィック社編集部【編】　グラフィック社　2014 年
- 日本のコピーベスト 500　安藤隆、一倉宏、岡本欣也、小野田隆雄、児島令子、佐々木宏、澤本嘉光、仲畑貴志、前田知巳、山本高史【編著】宣伝会議　2011 年
- ホントのことを言うと、よく、しかられる。（勝つコピーのぜんぶ）仲畑貴志【著】　宣伝会議　2008 年
- コピーのぜんぶ　仲畑貴志全コピー集　仲畑貴志【著】　宣伝会議　2002 年
- 心ゆさぶる広告コピー（その言葉は、あなたの人生とつながっている）岩崎亜矢【選者・解説文】／安藤隆【選定協力】　PIE International　2021 年
- すいません、ほぼ日の経営。　川島蓉子【聞き手】／糸井重里【語り手】日経 BP　2018 年
- 毎日読みたい 365 日の広告コピー　Writes Publishing【編】　ライツ社　2017 年
- 何度も読みたい広告コピー　PIE International　2011 年
- コピーライターほぼ全史　東京コピーライターズクラブ【編】／鈴木隆祐【取材・文】　日本経済新聞出版社　2019 年
- ダンディズムの達人 石津謙介流「人間的な」生きかた、遊びかた　石津謙介【著】　天夢人　2018 年
- 公共哲学とは何か　山脇直司【著】　筑摩書房　2004 年
- 後悔しない人生を送るたった１つの方法　井上裕之【著】　中経出版　2012 年

《新聞》

- 日本産業新聞　2020 年 12 月 3 日「NIKKEI　BUSINESS　DAIRY」
- 日経ＭＪ　2020 年 12 月 11 日「ヒット商品番付　着眼点に迫る㊦」
- 日経ＭＪ　2021 年 1 月 4 日「変わる LIFE　時空」

《雑誌》

- Fortuna　vol.25　WINTER2020　三菱 UFJ モルガンスタンレー証券　2020 年
- SUUMO　新築マンション首都圏版 20/12/08 号「首都圏の街　資産価値 BEST100」リクルート　2020 年

■著者紹介

Ominae

文筆家／クリエーター。
“SEAMLESS な世界をつくる”をスローガンに、企業の商品やサービスのブランドコンセプトデザイン・脚本を手掛ける。日本在住。

https://lit.link/ominae

広告コピーと 100 の物語

2021 年 11 月 5 日　初版第 1 刷発行

■著　　者――Ominae
■発 行 者――佐藤　守
■発 行 所――株式会社 大学教育出版
〒 700-0953　岡山市南区西市 855-4
電話（086）244-1268　FAX（086）246-0294
■印刷製本――モリモト印刷 ㈱

本書に関するご意見・ご感想を下記サイトまでお寄せください。
https://www.kyoiku.co.jp/11questionnaire/questionnaire.html
ISBN978－4－86692－158－7